品成

阅读经典 品味成长

成事的时间管理

粥左罗◎著

TIME
MANAGEMENT

人民邮电出版社

北京

图书在版编目（CIP）数据

成事的时间管理 / 粥左罗著. -- 北京：人民邮电
出版社，2022.12（2024.7重印）
　ISBN 978-7-115-60255-8

　Ⅰ. ①成… Ⅱ. ①粥… Ⅲ. ①时间－管理 Ⅳ.
①C935

中国版本图书馆CIP数据核字(2022)第190009号

◆ 著　　　粥左罗
责任编辑　袁　璐
责任印制　陈　犇
◆ 人民邮电出版社出版发行　　北京市丰台区成寿寺路 11 号
邮编 100164　　电子邮件 315@ptpress.com.cn
网址 https://www.ptpress.com.cn
三河市中晟雅豪印务有限公司印刷
◆ 开本：880×1230　1/32
印张：8.75　　　　　　　2022 年 12 月第 1 版
字数：171 千字　　　　　2024 年 7 月河北第 14 次印刷

定价：69.80 元

读者服务热线：（010）81055671　印装质量热线：（010）81055316
反盗版热线：（010）81055315
广告经营许可证：京东市监广登字 20170147 号

我们都是时间的"未完成作品"

"我的人生还有更多的可能吗?"你是否在过去人生中的很多个夜晚,躺在床上思考过这个问题。其实,思考这个问题的你并不孤单,因为很多人都跟你一样有过类似的疑问。

有人说:我都 25 岁了、我都 35 岁了、我都 40 岁了……我的人生还有其他可能吗?针对这个问题,我的回答是:一定有!我们才 20 多岁、30 多岁、40 多岁……我们的余生很长,为什么现在就将自己定型?我们都是时间的"未完成作品",还有好几十年的"未完待续"。而要扭转人生,或许只需一年,何况我们还有好几十年。

这本关于时间管理的书,核心不在于教你如何在 24 小时内做更多的事情,如何睡得更少、工作更多,如何更高效、更紧凑地做事,而在于教你如何通过时间管理达成目标、把事做成,并通过连续地成事,最终改变现状、扭转人生,让人生拥有更多的可能。如果你没有这样的意愿,或许你并不需要这本书;如果你有这样的意愿,那么这本书将为你带来特别的惊喜。

先来讲讲我的故事。

我是"早睡早起困难户";我的"flag"经常倒地不起;我每天都做计划,但每天都完不成;我每年都列愿望清单,可其中一半都实现不了;在读书上我经常一本还没读完,又开始读下一本;我是"拖延症晚期患者",喜欢把事情拖到不得不做时才做;我"刷"短视频和"逛"购物网站时经常停不下来……

你可能会疑惑:这样的时间管理失败者,也能教人时间管理?

的确,在以上罗列的事情上,我并没有把时间管理好,但我认为真正的时间管理,是在规定的时间内做出实打实的成绩,让改变真正发生,实现真正重要的目标。我认识很多把时间管理得很好,生活作息也很规律的人,他们中的很多人并没有把对时间的管理能力运用到做成事上。而我这种在时间管理上看起来一塌糊涂的人,之所以有机会通过一段一段的经历不断让自己的人生实现更多的可能,是因为我在真正值得关注的核心问题上绝不含糊。

从高一时在班里排名倒数,到高考时全校文科第一、考上"211"大学,我花了3年时间,从山东的农村来到北京,我完成了一场人生的扭转。

从月薪5 000元的编辑,到月薪2万元的新媒体运营经理,再到年薪50万元的内容副总裁,我只用了一年半的时间。

从租住在北京五环外10平方米的地下室,到靠自己在北京三环内买下100多平方米的房子,我只用了5年时间。

2018年,我辞职开始做公众号,即使整个行业都在"唱衰",

我还是收获了近100万粉丝。

从2017年起，我每年至少完成一门课程的写作，已经坚持了5年。从2019年起，我决定写一系列关于个人成长的书，一年写一本，已经出版了3本。

以上都是人生大事，我能在这些人生大事上"成事"，其中原因值得关注。

高考英语口语考试的前一天晚上，宿舍里很多同学在聊天，我一言不发，早早入睡。第二天很早我就起床了，出门找到一个安静的角落，把准备好的作文范文、阅读理解题拿出来复习，让自己沉浸在英语考试的状态里，最终考出了满意的英语成绩。

从山东的农村来到北京上大学，四年里我一直很自卑，毕业后更对未来感到迷茫。我摆过地摊，做过服务员。有一天，我得到一个新媒体编辑的面试机会。为了完成笔试作业，我把自己关在家里3天，做了一份88页的PPT（PowerPoint，演示文稿），最终被录用。

2018年春节，我决定辞职做公众号。春节假期，我每天待在家里，拿着一个本子构思自己公众号的名字、定位、内容方向等，思考如何储备选题、制定"涨粉"策略等，除了吃饭、睡觉，我都在想这件事。假期结束了，我也完全想好了，然后正式辞职，几天后就通过我的公众号发布了第一篇文章，从此开始了创业之路。

是的，我不能早睡早起，我有"拖延症"，爱"刷"视频……这些都符合人性。但是如果有了想做成事的目标，受到了激励，收到了正反馈，看到了希望，我就会拼命努力，这同样符合人性，两者并不矛盾。接受这两种状态，并且在可控的情况下实现两种状态之间的平衡，可能才是正确的成事做法——毕竟我们都不是苦行僧。

不以目标为前提的时间管理，都是无用功。

如果每天强迫自己早睡早起，却毫无目标，不如多睡会儿。

如果每天高效工作，但工作并没有创造收益，或者你不知道自己工作的绩效考核标准是什么，不如先停下来，想清楚这些再继续。

如果你每天读书 2 小时，一年读完了 50 本书，但只是盲目地读，而且不知道如何运用书上的信息，只是为了读而读，或者只是为了炫耀而读，不如少读、精读一些适合自己的好书。

真正的时间管理，不能只追求井井有条、规律平衡的美感，而是要把事做成，要抓住机会，为人生创造更多的可能。做好时间管理，要遵循抓大放小的原则，先确定战略，再决定战术。所谓确定战略，就是找到目标，确定你想做成的事；而决定战术就是找到达成目标的方法。

基于此，我花了一年时间研究出了一套时间管理方法，并依此写成本书。在写这本书时，我对自己提出以下要求。

第一，不提那些在网上广为流传、看起来很有效，但实际上大多数人都做不到的建议，而是诚实面对人性、面对现实，告诉你一些可实操的建议。

第二，不教你我本人都做不到的事情。简而言之，我不提倡你做苦行僧。

第三，不讲连我自己都不信的知识，这是我的原则。分享知识时毫无保留，从不藏着掖着，这也是我的原则。

"只有真的改变，才能真的改变。"这听起来像一句废话，却是我一直用来提醒自己的座右铭。我们的人生确实还有好几十年，也确实还有很多的可能，但前提是，你真的在刻意做出改变。否则，三五年后的你跟今天无异，其他的可能更无从谈起。久而久之，你这一生或许真的就定型了。

时间会自动流逝，但改变从不会自然发生，让一切改变，从今天开始。

目 录

第一章

成事有道：
达成目标的时间管理

第一节

成事目标：没有目标的人，不用学时间管理

请你先问自己以下几个问题。

我在工作、事业方面，有没有想实现的目标？

我在生活健康、学习成长方面，有没有想实现的目标？

我在婚姻经营、家庭经营方面，有没有想实现的目标？

如果以上问题，你的答案都是"没有"，那你就没有必要学时间管理。没有目标的人，大都在利用惯性推进自己的人生：今天这样做，明天也这样做，后天还是这样做……每天重复一样的工作、生活，当然不用学时间管理。只有有目标的人，才需要学时间管理。

为什么需要时间管理

什么是时间管理？从字面意思看，时间管理就是对时间的分配和利用。在社交媒体上，有些人会说时间是不能被管理的，这明显

是错误的。一年有 365 天，每天有 24 小时，选择怎么分配和利用这 24 小时，本身就是在管理它。每天下班后有一些空闲时间，我们选择用这些时间做什么，也是在管理它。

其实，那些所谓时间不能被管理的原因，恰恰是时间应该被管理的原因。他们说"时间是不能被管理的"，给出的理由是：每个人的时间都是有限的，一天只有 24 小时，一年只有 365 天，怎么管理时间也不会变得更多。而我们说恰恰就是因为时间极其有限，我们才需要更好地管理它，更合理地分配和利用它。如果时间是无限多的，自然就不需要费心去管理了。

好的时间管理一定是跟目标直接挂钩的

假设你没有具体的目标，只是每天规律地生活或工作，例如每天晚上 11 点睡觉，早上 7 点起床，每个周末去钓钓鱼，你可能会觉得自己在做时间管理，但其实这样的时间管理意义不大。

好的时间管理应该是：在时间有限的情况下，通过合理分配和有效利用时间，实现一系列预期目标，也就是我强调的"成事"。如果脱离了目标，时间管理就失去了意义，只会流于形式。只有奔着实现一系列预期目标去管理时间，才是真正有价值的时间管理。

高中时的一些事让我印象特别深刻。有的同学每天都把自己的时间安排得很满：早上起得很早，去教室晨读；中午舍不得睡午觉，用午休时间背书或做题；下午继续埋头学习；晚自习做一套又一套的试卷。老师布置的每一套试卷，他都会做完；老师每天要求背诵的几篇课文，他也都会背完……但是最终他的高考成绩却不尽如人意。

为什么？因为根据别人的要求来管理时间，不一定安排得当，也不一定真正适合自己。如果不知道自己每天为何努力，就不知道哪门功课应该花更多时间，哪门功课可以不用花那么多时间；就不知道每天应该用多少时间"死磕"错题，把它研究明白，保证自己不再犯相同的错误。

这些同学虽然每天都在做试卷，但从来都没有把错题真正搞懂，只是根据老师的安排，不停地做一套又一套的试卷，遇到那些曾经做错的题目时，仍然会犯错。这就不是真正做好了时间管理，因为他们没有实现目标。

不做时间管理，注定实现不了目标

看完这句话，估计有人会站出来反驳："我觉得自己没做时间管理，很多事情也没有耽误进度，也都很好地完成了。"

那么，为什么在很多事情上我们不做时间管理，也能实现目标？这里包含以下两种情况。

第一种：事情比较简单，我们不知不觉就完成了时间管理。

如果你是一个公司的老板，或者处于一些重要的关键岗位上，你不可能不做时间管理。其实，许多人每天需要做的事都比较简单，所以我们平时不需要刻意做时间管理也能正常生活，本质上是因为我们在这个过程中不知不觉就完成了时间管理。

比如，你打算今天下班后去理发，那你只要把这件事记在脑子里，就自动完成了一次时间管理。你知道自己 6 点 30 分下班，理发店晚上 10 点关门，于是你只需要在 6 点 30 分到 9 点 30 分之间去理发店就可以。再比如你周末想跟朋友聚餐，约好中午 12 点在某商场见面。对于这样的事情，你也不用刻意做时间管理，早上 10 点起床收拾一下，11 点出发，按时到达目的地即可。

工作上也是，许多人每天做的执行性工作都是比较简单的工作，时间管理通常会在做的过程中自动完成。这些都是出于本能的时间管理，因为这些事情比较简单，不需要花费多余的时间来思考。

第二种：很多事情，从小到大都有人帮我们做时间管理。

小时候是爸妈在帮我们做时间管理，他们会管理我们的生活。

上学后是学校和老师在帮我们做时间管理：几点上学，几点放学，几点到几点上数学课，几点到几点上语文课；这周应该完成什么作业，暑假应该完成什么作业；什么时候期中考试，怎么复习才能在期末考试中考好；高一、高二到高三，整整 3 年应该怎么学习才能在高考中考好……这些学校和老师都会安排好，不用我们自己安排。

工作后也一样，大部分事情都是公司、老板、领导及其他同事在帮我们做时间管理。周一到周五应该完成什么工作，周三应该提交什么报告等，都被安排好了。

小时候是爸妈帮我们管理时间，上学后是学校和老师帮我们管理时间，工作后是公司、老板、领导和同事帮我们管理时间。许多人都是这样的。

仔细回想，上高中的时候，其实是我们时间管理做得最好的时候。在这段时间里，老师、学校和整个考试制度，都在帮助我们把时间管理得更好，让我们的人生更有目标感，所以在高中我们每天都过得很充实。

那么，从什么时候开始，我们的时间管理水平变低了？答案是上大学后。大学的管理较高中而言，会更加宽松，我们突然从高中那种事事都有人管的状态，变成了自我管理的状态。在各种因素的加持下，我们的时间管理很容易就处于一种失控的状态。

等到大学毕业后，这种失控的状态可能会表现得更加明显。比如，除了能按时上下班、在规定时间内完成公司安排的工作外，在剩下的时间——下班后、周末和节假日，我们的时间管理通常都是失控的。

我们可能经常会想："我一定要好好利用周末的时间，学一门课程、看一本书、培养一个爱好……"结果一到周末就躺在床上玩手机、追剧，或者出去逛街，一不小心大半天就过去了，自己也提不起一点儿兴致学习。到了晚上我们可能就会想："反正这大半天都浪费了，也不差这几个小时。"于是继续躺在床上玩手机，就这样，一整天就荒废了。

从这个角度来看，我们应该明白，前二十多年几乎都是别人在帮我们管理时间，自己几乎没有主动管理过时间，因此时间管理能力差也是正常的。等到上了大学，以及大学毕业后步入社会，就需要自己管理时间。那些自制力更强、更懂得自我规划、更擅长时间管理的人，步入社会后会慢慢地甩开了大部分人。

基于以上两种情况，很多人会觉得自己没有做时间管理，生活和工作也都可以照常运行。那么，到底哪些事情我们不做时间管理，注定完不成呢？

第一类：需要自己独立负责的事情。

在这类事情上必须做时间管理，因为你不做没有人会帮你做，不做时间管理，你就容易做不成事、实现不了目标。比如你不喜欢现在的公司，甚至不喜欢这个行业，早就想换工作，这就是一件需要自己独立负责的事。而解决这件事的核心，不在于老板，不在于爸妈，也不在于你的爱人，而在于你自己。遇到这种事情，大部分人容易一直拖延，想着再等等，以后再解决，就这样拖了半年、一年，甚至两年，到最后很容易不了了之，一直没办法完成换工作这件事。

再比如身材管理也是一件需要自己独立负责的事。爸妈通常不会在意我们的身材，我爸妈经常跟我说的是"胖点儿好，胖点儿富态"。这件事是需要自己独立负责的，而不是由别人负责。

再比如做副业。很多人都想做副业，这也是一件需要自己独立负责的事情。老板不可能催着你做副业，他们通常会觉得你应该全身心放在主业上；爸妈通常也不想让你做副业，他们会觉得你上班已经够累了，空闲时间应该多休息；你的爱人可能也不会特别支持你做副业，对方可能觉得你要是有时间，多陪陪家人更好。解决这件事的核心，也在于你自己。

对于所有需要自己独立负责的事情，如果不做时间管理，就注定完不成。

第二类：相对复杂的事情。

对于简单的事情，我们基本都能自动完成时间管理。但是对于复杂的事情，我们很难自动完成时间管理。对于复杂的事情，如果不刻意做时间管理，大概率是做不好的。

比如办婚礼这件事，大部分不善于做时间管理的人，在婚礼前两周或前一个月一直在准备，结果到临近婚礼那两天，却发现很多事情都没准备好，缺东少西：酒没买、巧克力没买、订的西装也没到……即便请了婚礼策划公司，他们也不能帮你把所有事情都安排好，依然有很多事情需要你自己规划时间去亲自处理。而不会做时间管理的人，碰到这种事往往容易焦头烂额、手忙脚乱。

再比如我大部分做自媒体的朋友，他们写一篇文章可能用时很短，很快就能写完，但是在写一门课程或写一本书时就会拖延。因为写文章简单，而写书、写课程文稿都是相对复杂的事情，如果我们做不好时间管理，就没办法按照规划推进，可能过了两个月，会发现自己连两章都没写完，这样就很难顺利实现目标。

对于这类复杂的事情，我们是没有办法自动完成时间管理的。

第三类：时间周期相对较长的事情。

比如提升一项能力这类事情很重要，但它又是长周期、不紧急的事情。对于这类事情，如果不做时间管理，我们可能会一直拖延，一直实现不了目标。再比如减肥也是时间周期相对较长的事情，如果我们要减 10 千克，可能需要用三四个月的时间。如果不做好时间管理，大概率会做不成这件事。

为什么以上三类事情需要我们刻意做时间管理

为什么这三类事情不做时间管理，注定完不成，主要有以下三个原因。

第一，每天的时间总是会被填满，不管有没有重要且紧急的事情。

如果今天有重要且紧急的事情，那么我们的时间会被这些事情填满；如果没有，我们今天的时间依然会自动被填满。如果你留心观察一下自己每天的时间都花在哪里，可能会发现：我们发了很久的呆，蹲了很久的厕所，不知不觉"刷"了一个小时的短视频……

这是时间的一个非常显著的特点：不管做什么，它都会被自动填满。假设我们有一些事情要做，但是没有定目标，或者定了目标但没有做时间管理，那我们的时间大概率就不会用来做这些事情，因为时间会自动被其他事情填满。

第二，每天的时间总是先被简单的事情填充，而不是先被困难的事情填充。

假设今天下午一共有 5 小时的空闲时间，如果我们没有主动去管理这 5 小时，那它就会先被简单的事情填充。这是受人性的影响：人总是倾向于先做简单的事情，再做困难的事情。换句话说，如果我们不对一段时间进行管理，那么它就会自动被一些事情填充，而且它一定不会"主动"被困难、复杂、抽象、长期的事情填充，而是会被简单或者当下紧急的事情填充。

从另外一个角度去理解时间管理，也可以这么想：时间是有限的资源，它会被各种事情争夺使用，顺应人性的事情更具有竞争力，更能占据时间。假设我们今天下午有 2 小时的空闲时间，如果我们不主动安排这 2 小时，那么它就会被顺应人性的事情占据，比如玩手机、发呆等。相比之下，那些复杂、困难的事情，在争夺时间上是没有竞争力的。

第三，这些事即使不去做，也不影响现在工作和生活的正常推进。

最近两个月不换工作，不会影响我们现在的工作和生活；不马上做副业，不会影响我们现在的工作和生活；最近两个月不减肥，不会影响我们现在的工作和生活；……正是因为这些事情不去做，也不会影响现在工作和生活的正常推进，所以从人性的角度来讲，我们大概率就不会去做。

其实，时间管理就是先把时间留给目标，再把目标填充进时间。

把时间留给目标。假设我们定了一个目标，那就要预估它需要多长时间实现，然后计划在未来的哪个周期里实现，以及在这个周期里，为了实现这个目标，我们每天或每几天需要花费多少时间。我们要把这些时间留给这个目标。

把目标填充进时间。先把目标拆分成阶段性目标，再对应阶段性目标设计任务，然后把这些任务分别填充进一周或一天里。

最终，我们每天都会知道，为了实现这个目标，今天应该做什么，明天应该做什么……这样按照计划执行，大概率就能实现目标。

第二节

成事动机：只有改变，人生才有更多的可能

"只有真的改变，才能真的改变。"为什么我会强调这句话？因为这句话关系着成事的动机。大多数人都是日复一日地重复着自己的生活，却渴望有一个不一样的未来。这种心态换句话说就是"我不想改变，但希望人生改变"。如果想用这种心态经营出理想的人生，无异于痴人说梦。

何谓改变？改变就是打破现有的状态。"只有真的改变，才能真的改变。"这里面的两个"改变"有不同的含义，前者指一系列的动作改变，后者指最终结果的改变。

人的发展有两种特征，一种是连续性，另一种是非连续性。连续性就是维持现有状态，比如，我们今天在这家公司上班，在没有其他变化的情况下，那么明天、后天、大后天、下个月、下个季度、明年，甚至后年，我们大概率还是在这家公司上班。再比如，我们现在的写作水平是 60 分，如果不做其他改变，一周后我们的写作水

平应该还是 60 分左右，一个月后也是，一年后也是。

为什么很多人的工作、生活、能力，经过了两三年都没什么变化？就是连续性这个特征，让我们维持了现有状态。而非连续性就是指引入变化，打破现有状态。不管我们愿不愿意、主不主动，我们的发展都具有非连续性这个特征。比如六七岁时，要去上学；大学毕业后，要去工作；结婚后，终止一个人生活的状态；辞职后，换了更好的工作等。这些改变打破了某种现有的状态。

面对连续性和非连续性时的三种人

非连续性是人生拥有更多的可能的希望所在。如果没有它，我可能一生都生活在山东泰山脚下的一个山村里，可能永远都没有机会创业。

那么连续性不重要吗？也重要。我们不可能每个月都换一份工作，不可能每天都换一个技能学，也不可能每个月都升职。但是，每一段连续性，都是在为一次非连续、一场改变做准备。人和人的不同在这里也得以显现。面对连续性与非连续性时，有以下三种人。

第一种人：一生中的连续性远多于非连续性，且都是被动式的。

这样的人不喜欢改变，甚至不喜欢自主掌控人生。他们发展的连续性来自不想改变，他们能不换工作就不换。而为数不多的非连续性事件也都是被动式的：到了学龄就去读，毕业后迫于现实压力去找工作，公司倒闭了才会换工作，所掌握的技能失效了才会再学习。

第二种人：可以掌控非连续性，但掌控不了连续性。

这样的人总是在主动寻求变化，比如频繁地换工作，甚至换行业；频繁地更换兴趣，学习不同的技能，用几个月学这个，又用几个月学那个，到了第二年又有了新想法。他们总是能买到好书、找到好课、加入新社群，但没几样能持续。

第三种人：主动掌控自己的连续性和非连续性，且不断用连续性来换一次非连续。

第一种人在一家公司待三年，可能是被动地熬了三年；而第三种人在一家公司待三年，通常是主动规划，并认为在这里值得待三年。规划中他们认为在这里待一年不够，待五年太久，待三年正好完成一场蜕变，然后跳槽。

那么，你是哪种人呢？不管你是哪种人，希望这本书能够帮助你成为第三种人。

任何改变都需要时间，以及相应的规划和执行

一切都需要时间，花开需要时间，日落需要时间，减肥需要时间，练好吉他需要时间，变得自信需要时间，学会爱需要时间，养育孩子需要时间，完成一场蜕变需要时间，这些也都需要相应的规划和执行。

很多人有赚 1 000 万元的野心，却连按计划做一周事的耐心都

没有——决定早睡早起，不到一周就放弃了；决定好好读一本书，三天后就放下了；决定每天去健身房，可能第三天就不去了；决定每天写作 2 小时，可能第二天就有事放下了。改变之所以困难，是因为任何改变都不是想变就马上能变，都需要时间。我成长得最快的时候，都是我最有耐心的时候。我所酝酿的所有改变，都是在时间的"喂养"下才得以实现的。

人的改变可以分为两种，一种是革新性改变，另一种是精进性改变。

革新性改变，有种革命后进入新状态的意味。这种改变往往需要一个关键突破、关键决策或重要选择来催生。它带来的改变不是渐进式的，而是突变式的。

比如我们决定进入一家新公司，决定创业，决定和爱人结婚，决定生孩子，决定进入某个新领域，决定开始做一件从未做过的事，决定换一个城市居住等，都是寻求革新性改变的体现。革新性改变往往会带来新的生机，我们时常需要用它来打破人生的连续性。生活枯燥如常，跑起来就有了风。要实现革新性改变，需要勇气，需要决策，需要智慧，需要规划。

精进性改变，是渐进式的。这种改变不是打破现有状态，而是渐入佳境；不是不同，而是更好，是在连续性中一点点地取得进步。

比如用一年的时间日益精进自己的写作能力，成为写作高手；用一年的时间拼命地读书、听课，增强自己的思维和认知；用一年的时间全身心投入工作，让工作有所起色；用一年的时间慢慢地调整作息和饮食，形成健康的生活方式；用一年的时间深耕一个领域，成为这个领域的专家等。要实现精进性改变，需要耐心，需要等待，需要信念，需要专注。

革新性改变和精进性改变都是我们所需要的，而要实现前者，我们需要不害怕改变；要实现后者，我们需要不害怕等待。

列出你的改变清单

你可能也想为人生创造更多的可能，想开始改变，但对于改变还只有一个模糊的想法。那么，是时候让它清晰起来了。列出你的改变清单，越多越好，因为你可以划掉很多，留下的才是你最想实现的。我无法帮助你列出改变清单，但我可以提供一些思路。

首先，我会问自己：如果我想在一年、两年或三年后拥有更好的发展，哪些是现在的关键限制因素？

这样问自己的作用在于找到核心改变之处。我们这一生，或者未来 5 年，有很多需要改变，但一定有一个是当下最需要进行的核心改变。2015 年底，我问自己这个问题，得到的答案是，如果不把写"爆款"作品的能力练好，我很难在这个职场上有所突破。最后我找到了核心改变之处：做出精进性改变，专注、日复一日地增强自己写"爆款"作品的能力。

2017 年底，那时的我已经在这个平台上完成了一次爆发式成长。我再次问了自己这个问题，得到的答案是，继续在这家公司上班会使我的发展受限。我找到了核心改变之处：做出革新性改变，辞职创业。

2020 年，我毕业后经过五六年的持续性奋斗，好像把激情消耗光了一样，频繁地出现没有斗志的感觉。作为一个创业者，我竟然无比讨厌到公司上班，对生活也不再那么有激情，我需要解决这些问题。于是，我买了一辆摩托车，一个人进行了长达两个月的摩托车旅行，从北京骑到广西。现在我的激情比以前更多，有更长远的目标，对生活的感觉也比从前更好。

人生的每个阶段都有限制我们发展的关键因素，找到它，改变它，我们才能赢得下一阶段人生更多的可能。现在，请拿出一张纸，写出你的关键限制因素，可以多写几个，最终选出最重要的。

每个人的境况不同：有的人需要鼓起勇气结束一段不合适的感情；有的人需要离开一家不能让自己成长的公司；有的人跟错了老板，需要重新择木而栖；有的人在小城市被埋没了某些才能，需要下定决心去大城市；有的人需要珍惜现在的工作，停止混日子，把工作做到极致；有的人需要提升岗位所需技能；有的人需要彻底改正熬夜的坏习惯；有的人需要重新思考这个阶段的人生目标是什么……

同一个人，在不同的成长阶段，写下的东西也不同，因此我们可以及时调整改变的战略重心。在之前这 5 年，我的战略重心是工作和事业的突破。2020 年，我 30 岁了，自己的公司进入了正轨，更需要持续稳定的经营，所以我改变生活习惯，开始早睡早起、坚持健康饮食等，同时在公司经营上，我需要招募和培养人才。而在 12 年前，我的战略重心是考上大学，来到北京。

希望大家都能够在自己人生的每个阶段，找到相对应的关键限制因素，努力去改变它，这样你的人生将会发生很大的改变。

其次，我还会继续问自己：在人生的每个阶段，哪些辅助改变可以很好地配合核心改变？

辅助改变，不是解决问题的核心，而是打配合，这也很重要。比如，在上面提到的我需要专注地、日复一日地增强写"爆款"作品能力的一年中，我需要减少社交时间，减少爱好时间，减少玩乐时间。而现在的我，反而需要增加社交时间，有价值的社交可以帮助我把公司经营得更好；我需要增加爱好时间，这在一定程度上也是我奋斗的意义；我也会适当增加玩乐时间，以调剂生活。

再次，分清哪些改变可以同时进行，哪些不可以。

比如，我可以下定决心换一座城市生活、换一个行业、找一份新的工作，这三个都是革新性改变，并且在一个阶段中可以同时进行。再比如，我可以用一年时间提升写作能力、养成早睡早起的习惯。这两个都是精进性改变，一个是对核心大段时间的使用，一个是对时间划分的改变，二者可以同时进行。又比如，我可以养成早睡早起的习惯、健康饮食的习惯、保持好身材，这三个改变可以同时进行，因为它们都不太涉及核心大段时间的使用，并且三者可以相互促进。

但是，如果我想在工作之外练好吉他、学好写作、练出好身材，就很难同时进行，因为三者都属于精进性改变，都需要使用同一段时间——下班后的几小时。如果真的想达到这三个目标，就需要分阶段进行，一个阶段只专注一个目标。

最后，以上问题全都理清之后，再梳理一遍。

我们要知道什么是核心改变，什么是辅助改变，也要知道哪些改变可以一起进行，哪些不能。很关键的是，还要知道每个改变大概需要的时间周期，核算出来后，最好再多预留 20% ~ 50% 的时间，因为我们总是低估一场改变所需要的时间。前面讲过，任何改变都需要时间。

试着列出一份改变清单，这样你就真正迈出了改变的第一步。

第三节

成事智慧：均衡的人生，应该有五个维度的目标

我把人这一辈子最重要的事情划分成了五大类，称之为幸福人生的五大支柱：工作事业、婚姻家庭、个人财富、生活健康、学习成长。如果你想规划自己未来的目标，做相应的时间管理，就可以从这五个方面考虑。

比如在工作事业方面，要达到什么样的水平，希望晋升到什么位置，希望拿到多少薪水等；在婚姻家庭方面，想什么时候结婚；在个人财富方面，准备在 25 岁时有多少存款，准备什么时候买房子，赚来的钱要不要做投资等；在生活健康方面，饮食是否健康，每天是否有充足的休息时间，是否需要做身材管理，兴趣爱好怎么发展等；在学习成长方面，是否准备继续深造，计划一年读几本书，希望在哪方面提升专业能力等。这些都是可以制定目标并做好时间管理的。

当然，五个维度的目标还可以细分为多个小目标，并且从时间

管理的层面来看，我们可以同时在这五个维度上实现不同的目标，拥有均衡发展的人生。

一个均衡发展的幸福人生

我观察了大部分人的人生经营情况，发现一个问题：如果不刻意地同时在工作事业、婚姻家庭、个人财富、生活健康和学习成长这五个维度上制定目标，做好时间管理去实现这些目标，很可能会出现目标"偏科"的情况。

有些人可能一心扑在工作事业上，忽略了婚姻家庭。有些人则是在个人财富上花费了很多时间，整个人的时间分配都以赚钱为中心，却忽略了自己的生活健康或婚姻家庭。还有些人每天都在忙碌中度过，却忽略了学习成长。

随着年龄的增长，我越发理解了均衡发展的幸福人生，对于一个人来说有多么重要。我宁愿在工作事业上主动减少一些时间投入，也要多留出一些时间陪爱人、陪伴孩子成长。我觉得这是很值的。

人的时间是有限的，如果不刻意追求均衡发展的幸福人生，只是把时间压在某几个目标上，就容易"偏科"，而"偏科"的人生大概率不会太幸福。尤其是随着年龄的增长，我们会发现这种"偏科"给人生带来的损耗是巨大的。

有些人忙到 40 岁了，突然发现自己好像从来没有好好陪过孩子，平时忙得跟孩子见不上面，偶尔早下班一次进门跟孩子打招呼，发现孩子都快不认识自己了。

有些人一心研究怎么赚钱，等自己赚了一些钱后，在某个瞬间突然觉得，过去这几十年这么累，好像也并没有变得更幸福。这就不是均衡发展的幸福人生。

我现在创业，已经不太跟朋友们比谁的公司做得更大，谁的盈利更多。因为人生是由多个维度组成的，我更希望拥有一个均衡发展的幸福人生。

不同维度的目标性质不同、耗时不同

这是我们可以同时在这五个维度制定不同目标的一个重要原因。

比如在婚姻家庭方面，我们想在 28 岁结婚、30 岁生小孩。定了这样的目标后，其实它并不会每天都消耗我们的时间。也就是说，我们不用在接下来的几年里，每天都为之努力，只需要把时间规划好，到了什么时间就做什么事情就可以了。这是一个提醒、一个坐标、一种人生节点，让你按照规划好的节奏度过一生。平时，我们该努力工作就努力工作，该学习成长就学习成长，该锻炼身体就锻炼身体，并不会因为定了这个维度上的目标就影响其他维度目标的实现。在这五个维度上，很多目标是可以同时进行的。

假设我从今年开始制定每天早睡早起、按时吃早饭的目标，这个目标并不需要花费太多时间，我只需要调整好自己的时间安排。如果我同时还定了要在写作上达到什么成就的目标，这样的目标一旦确定后，我需要每天投入两三个小时去实现，但它跟我定的每天早睡早起、按时吃早饭这个目标性质不同，两者并不会发生冲突。

早睡早起这个目标只是让我调整生物钟，我的睡眠总时长是不变的。假设我之前是凌晨 2 点睡觉、上午 10 点起床，每天睡 8 小时，现在调整成晚上 11 点睡觉、早上 7 点起床，每天还是睡 8 小时，睡眠总时长并没有变，所以也不会影响其他目标的实现。同样，每天按时吃早饭这个目标也并不会特别耽误时间，吃早饭或不吃早饭，可能就是 10 分钟、15 分钟的差别。

这样的目标只需要我们做出调整，不需要花费我们更多的时间，我们的时间依然可以投入在如写作上达成什么样的成就这样的目标上，两者同时存在也不会产生冲突。我们在很多事情上定目标，不一定会消耗更多时间，反而可能会让我们更好地管理时间，从而帮助我们拥有一个均衡发展的幸福人生。

人生不同阶段的侧重点不同

从整体上来说，人生的每一个阶段都应该均衡发展，但实际上在人生不同的阶段，也应该有不同的侧重点。

如果你是刚刚毕业两三年的年轻人，这个阶段是非常重要的工作起步阶段，这时候工作事业就应该占据大量时间，你可能需要花费 80% 的时间努力把工作做好。在这个阶段，你可能还没有积累多少个人财富，也不需要在这方面太早地规划，婚姻家庭方面也可以暂时不用多考虑。

到了 30 岁，你更需要在生活健康方面多花一点心思。22 岁的你某一天熬通宵，第二天还可以精神饱满地去打篮球；但当你 30 岁时，如果前一天熬通宵，第二天可能就会觉得疲乏，因为身体状态已经不如从前了。

等有了孩子后，就要规划更多的时间给婚姻家庭。如果这个阶段你还要每天加班到很晚，周六周日还要忙工作，那对整个人生来说，就是一件得不偿失的事情。

总体来说，在人生的不同阶段要有不同的侧重点，要做出一些取舍。

年龄越大，越要做时间管理

首先，年龄越大，意味着独属于你的时间越少。你的爱人需要你，你的孩子需要你，你的父母也需要你……你再也不会回到二十几岁时"一人吃饱、全家不饿"的状态了。有孩子的人、父母年龄比较大的人，对此会深有体会。

其次，年龄越大，你的精力和身体会越差。你慢慢地会发现，自己在很多事情上开始力不从心。二十几岁的时候，你的心力很足，整个人生龙活虎的，不管遇到什么事情，总有一种往前冲的劲儿，有一种无畏的精神。但 35 岁后，在工作、生活上遇到困难时，你可能只想躲着，这其实就是心力不足的表现。

人基本上只应该制定短期目标

人生各个维度上的长期目标大多都不太靠谱，90% 的人应该只制定短期目标。绝大部分人应该更关注短期目标，而不是长期目标。首先，我们不一定有很好的规划能力和预见能力；其次，即便有这两种能力，这个世界也不会完全按照我们的想法运行。所以，在大多数事情上，我们能制定好一两年、两三年的目标，就已经很好了。

其实很多时候更重要的是，我们要先制定当下一两个月的目标。在工作上，我们要有一整年的规划固然重要，但更重要的是，我们这个月应该实现什么目标。在学习上也是一样的道理，我们要想好这个月的目标是什么，等这个月的目标实现后，再制定下个月的目标。

这种短期目标才是靠谱的。长期目标大都不好执行，到最后很容易放弃。制定好短期目标，把短期目标拆分成短期任务，再细化到每天上，这样对我们来说意义更大，因为它可以帮助我们真正做成事。

第二章

理解时间：
管理过去、现在和未来

第一节

回击过去：不改变过去的自己，绝不可能扭转现状

不管一个人多少岁，人生都划成三部分——过去、现在和未来。从更小的时间范围内来看也是如此，比如今年一共有 12 个月，过去了几个月，现在是几月，未来还有几个月。在任何时间周期里，过去、现在、未来本身都是一个关于连续性的问题，我们只有理解了连续性，才有可能从中制造非连续性。本节我们的重点放在"过去"上。

现状只不过是过去一连串事件的必然结果

人生是一连串事件：

你的出生地在哪儿？

你的家庭怎样？

你就读于哪所小学、初中、高中、大学？

你最好的朋友们怎样？

你学的是什么专业？

你毕业后的第一份工作是怎样的？

你毕业至今，进入了哪些行业？

你加入过哪些公司，都做得怎么样？

你和谁结婚了？

你过去有过哪些目标、愿望？结果分别如何？

现在，即是过去。从过去来看，人生就是一连串事件。其实，人生中的每个阶段都是一连串事件，比如我的 2015 ～ 2018 年。

2015 年 8 月，我全力以赴抓住了成为一名新媒体编辑的机会，尝试追热点、写"爆款"文章，写了很多阅读量超过 10 万的文章。后来，我晋升为新媒体运营经理，而我放弃了更好的管理岗位，选择带一名助理创立新号，继续提升自身写作和运营新媒体账号的能力，继续写出了很多"爆款"文章，并且新号获得了不错的数据反馈。有了从零到一的经验，我注册了个人号，写的两篇新媒体账号运营心得被很多同行看到，并被邀请进行运营新媒体账号的经验分享。也因为我的分享，我获得了一个与别人合作开设课程的机会。后来，课程的销量很好，于是对方开出 50 万元年薪的条件邀请我加入。加入一年后，我不仅把课做成了"爆款"，也把公司号做成了该领域的"大号"。我觉得自己运营新媒体账号、开设课程的创业时机到了。2018 年 3 月，我辞职创业。

让我们把时间拉回现在，把时间周期缩短到一年：

我们现在在哪儿，是过去一年的选择所决定的；

我们现在的职位和薪水，是过去一年工作成绩的体现；

我们现在的业务水平，是过去一年努力或不努力的结果；

我们现在的技能水平，是过去一年刻意提升或顺其自然的结果；

我们现在的认知水平，是过去一年是否努力学习的结果。

我们的现状，就是过去一年一连串事件的结果。

我们可能看过很多像下面这样的漂亮句子：

告别过去，迎接未来；

不念过去，不畏将来；

过去的，就让它过去吧；

你不让过去过去，未来又怎会到来？

我们总是强调让过去过去，但过去不会真的过去，它会持续塑造我们。

参加公司年会的时候，通常每个人都会说自己今年的一些目标、成长计划。一个人过去减肥从来没成功过，如果他说今年要减 10 千克，大概率还是不成功；一个人老是迟到，如果他说"我以后绝不迟到了"，大家听听就好；一个人简历上显示他过去做过三份工作，但没有一份能做满一年，他承诺这次一定能做两年以上，大概率也是做不到的；一个人过去习惯拖延，明年大概率他还是如此；一个人过去都是按部就班地混日子完成任务，明年大概率还是如此……每个人的命运好像锁定了一样，这是不是一件极其恐怖的事？

归根结底，这是因为过去的事件虽然都过去了，但由那些事件塑造出来的性格、特质、习惯和行为模式都会流淌在你的身体里。这就是所谓的过去不会真的过去，它会持续塑造你。

只有充分理解了过去，才能真正扭转现状

面对过去不会真的过去，我们应该怎么办？人是可以改变过去的，只不过不是改变过去的事件，而是改变过去的事件遗留下的问题。不是不念过去，而是直面过去。我们在人生的每个阶段，甚至每年，都要复盘过去、分析过去，追问自己核心问题：过去哪些事情我做得不好，导致现在没达到预期？这个问题看似很普通，但非常值得深思。只有充分理解了过去，才能真正扭转现状。

我建议不断回答这个问题后，列一个历史遗留问题清单，然后对其中内容按重要性排序，尝试逐一击破，只有这样才能扭转现状。下面举几个分析过去、追问自己核心问题的例子。

1. 过去三年，我朝三暮四，换了几个行业、好几家公司，没有一个很好的持续性的积累。我需要解决做事没定力、没长性的问题，这是个大问题，不解决就会永远这样。

2. 过去两年，我始终在逃避自己的管理能力存在短板的问题，导致在带团队上一直没起色，极大地限制了我的职场晋升。我需要直面问题，学习管理课程，同时付诸实践，用一年时间提升自己。

3. 过去几年，我在职场上一直有沟通方面的问题，尤其是跟领导、老板的沟通。我需要尽快开始学习职场沟通、向上沟通等知识，这些问题拖得越久越难解决。

4. 过去几年，我做什么都是半途而废，一遇到困难就习惯性放弃，很难坚持做好一件事。我需要获得一次长期坚持做好一件事的体验，只要有过一次典型的成功体验，我就可能形成路径记忆，将来就可能习惯坚持做好一件事。

5. 我活到二三十岁，从来没把一件事做到极致，也从来没当过第一名。我需要做一次第一。因为只要有了一次这样的经历，可能很快就会有第二次、第三次。平庸是一种习惯，优秀也是一种习惯。

这里再提醒一点，我们可以从多个维度、多个方面去追问。比如，不仅可以从工作事业上追问，从生活上、感情上都可以追问。

比如，受原生家庭的影响，从前的我"不会爱"，甚至"不会百分之百地确信爱"，跟女朋友在一起四五年后，我修正了这个历史遗留问题。这个问题，我不说没人知道，但过去它很让我困扰，如今这个问题已不再是我的困扰，反而变成了我的支撑力量。

再比如，我人生的前 20 年几乎都生活在农村，高中也是在小镇上读的，20 岁我突然来到北京读大学后，所有的一切都让我开始怀疑：我的三观健全吗？我的精神结构有缺陷吗？我过去相信的道理、爸妈教给我的认知，都对吗？

意识到这个问题后，大学四年，我疯狂阅读了很多经典书籍，看了几百部经典电影，并攒钱去了西藏、青海和云南旅行。我试图重塑自己，这让我四年下来有了很大的变化。这些当然都不容易做到，我需要经历改变的痛苦。不改变，依靠惯性生活是最舒服的，但也意味着一两年后，我和今天无异。哪个更让我无法接受？我认为是后者。

一路走来，我认识了很多优秀的人。有些人时隔一年再见面时，我能看到他身上有了明显的变化。和改变的痛苦相比，他们更害怕人生依靠惯性推进，害怕不变。扭转现状在很大层面上是打破连续性，实现一次非连续改变，这需要我们对过去的历史遗留问题进行猛烈地回击。不改变自己的过去，绝不可能扭转现状。

第二节

干预现在：你的未来已来，不过不是你想要的样子

有人会非常期待未来的自己，其实是不用期待的，未来的你跟现在差不多。这句话是不是很"扎心"。更可怕的是，很多二三十岁的年轻人，就陷入了这样一个成长"死局"，一年、两年、三年，都没有变化。为什么会出现成长"死局"？前面我们说过，现在，即是过去。所谓现状，只不过是过去那一连串事件的结果。

现在也同样如此，现在即是未来。所谓未来，只不过是现在的惯性推进，不改变现在，就没有未来。最愚蠢的事就是重复每天的生活，没有改变，却渴望一个不一样的未来。每一天都在决定我们的未来，我们却浑浑噩噩地以为这只是普通的一天。

现在的"变化小趋势"，正在塑造未来

现在请停下来，看看自己身上有哪些"变化小趋势"，正是这些在塑造你的未来。

以我自己为例，比如，2021 年，我开始控制体重，每天健康饮食，并且每天晚上睡前和早上起床后量一次体重，同时还在朋友圈打卡记录。现在翻看这些记录，可以看到当时我几乎每天都在变瘦。

再比如，我很开心地看到，自己的作息越来越规律。我从 2020 年 8 月开始早睡早起，并且在朋友圈打卡记录，竟然一直坚持到了现在。翻看记录，我发现自己已逐步实现了不熬夜的目标。我最近欣喜地发现，我慢慢调整到了 6 点起床，更重要的是，我白天竟然不困。对我而言，这是巨大的进步。过去十年，我是个极爱熬夜的人，而我竟然改掉了持续十年的习惯。现在我虽然不能百分之百做到 10 点左右睡觉，但也绝对不会出现凌晨一两点睡觉的情况，一个月里偶尔有几次例外，也是在 12 点左右就睡了，大部分时候，11 点左右就入睡。

我刚才举的例子是与生活方式相关的，其他方面也都很重要，比如工作上、能力上、认知上、思维上、性情上……搜集"变化小趋势"，我们可以多维度地审视自己。

所以，我希望大家做一件事：拿出一张纸，列一个"现在的'变化小趋势'清单"。别管过去，别想未来，就分析现在的"变化小趋势"。给自己找一个整块的时间，比如不加班的晚上、一个周末的下午，多维度、多方面地分析、思考。列出这个清单，我们就找到了开启理想未来的密码。

一定要注意，好的"变化小趋势"很重要，不好的"变化小趋势"也很重要，要列好清单并及时调整。比如，"我现在变得越来越没有耐心了""我现在越来越爱生气了""我越来越无法沉下心来阅读或学习了"……

比如，我从 2021 年底观察到自己的一个"变化小趋势"就是，我的动力由改变命运、赚钱让家人过上更好的生活，正在逐渐转变为培养自己身上的使命感、愿景，加强对员工、对社会的责任感等。意识到这点很重要，这会带领我继续努力，去实现人生更多的可能。

列出你的清单后，好的"变化小趋势"继续加强，从而得到越来越多的正反馈，让它们在未来开花结果；不好的"变化小趋势"要扼杀，要进行干预，不要让它们形成气候。

请重新确认你未来的样子

分析干预"现在的'变化小趋势'清单"，是通过现在塑造未来，下面我要讲的是通过未来塑造未来。两个未来的意思不同，前者是要重新确认的想要的未来的样子，后者是在前者的牵引下最终的未来的样子。

现在我请大家做第二件事：拿出一张纸，非常正式、严肃认真地重新列一个"我未来的样子清单"。为什么要重新列？因为想要改变，想要人生拥有更多的可能，想要扭转现状。注意，它同样有很多维度。比如，你一直不在乎形象，不管理身材，所以特别胖，穿衣服也不好看。请问，未来你还想继续这样吗？你有必要重新确认一下，或许现在你就想要一个健康美好的身材，变得自信大方。我经常在人生不同的阶段，尝试去重新确认一下我的"未来的样子"。因为规划出来的"未来的样子"，就是人生航行中的灯塔，我们会奔着它而去。

当然，有了更大的目标，想成为更好的样子，就要准备好吃苦。事实上，你吃苦的耐力大不大，忍受力够不够强，取决于你对目标的坚定程度。

我看过许知远对《掬水月在手》的导演陈传兴的采访。陈传兴年轻时去巴黎求学，一待就是十年。他说的一段话让我了解到，我们以为的大师也并不是都天赋异禀，他们同样经历痛苦，熬了很长的时间。

在巴黎，我在思想空虚下突然觉得，要在这个有限的时间内非常贪婪，绝对"暴食"，全心全意地在追求学问的道路上一直走。白天我像哪吒一样，把自己拆解掉，把自己的血肉骨头全拆了。晚上再流着眼泪，一块一块地接回去，然后拿针线慢慢缝。掉眼泪是真的，不是假的，因为我怎么可能读得懂雅克·德希达，怎么读得懂索绪尔的符号学。头五年我整天在那里撞壁，然后才终于找到一条小路。但是一天也还是要花十几个小时，上课老师不讲，就算回到家里，我还是永远不停地"啃"。这样投入进去有个先决条件，我的精神状态可以支撑我。

陈传兴说的"暴食"，就是精神上、知识上、思想上的"暴食"，就是疯狂地学习与吸收，对过去自己的知识、认知进行猛烈的回击。再接回去，慢慢缝，就是重塑认知。

而他说的"有个先决条件，我的精神状态可以支撑我"，就是说，他在那时候对未来的样子，有了与从前不一样的看法，有了足够的动机、动力让自己保持激情，一天学习十几个小时。

所以干预现在最重要的两点：一是经常停下来，分析干预"现在的'变化小趋势'"；二是在每个阶段，重新确认一下"你未来的样子"。一个是推力，一个是引力，两者一起使未来有更大的可能。

第三节

活在未来：弱者活在过去，强者活在未来

时间管理永远都要管理过去、现在和未来。从整个人生来看，我们管理的是我们过去的、现在的和未来的人生。从一年来看，我们管理的是今年已经过去的几个月、现在和今年剩下的几个月。从一天来看，我们管理的是已经过去的几个小时、现在和 24 小时里剩下的几个小时。

从时间流逝的角度来看，我们现在想象的未来，有一天会变成现在，然后又变成过去，而它又不会真的过去，它加入过去的过去，变成更远的过去，并继续影响未来。所以，我的时间管理方法和其他时间管理方法的不同就在于：我以改变为核心手段，以发展的连续性和非连续性为指导原则，以过去、现在和未来去管理时间、持续迭代，最终使人生拥有更多可能。

弱者更多地活在过去

吴孟达曾接受许知远的采访，许知远问他："如果有机会再跟周星驰坐下来聊聊天，你会跟他聊什么？"吴孟达说："聊聊过去的种种。"吴孟达不是弱者，是非常优秀的演员，但我想从他的回答中引出我的一个看法——从年龄的角度来看，年轻人喜欢聊未来，中年人喜欢聊现在，年龄大的人喜欢聊过去。

为什么呢？按人能活 80 年算，当我们 25 岁时，未来还有 55 年，人生才刚刚展开，我们当然对未来充满期待。而如果我们已经 60 岁了，未来只剩 20 年，而且精力每况愈下，我们自然就失去了对未来的期待。所以年龄大的人喜欢聊过去，过去是他们最大的财富，而未来不是。

本质上，活在过去是每个人都难以避免的事情，因为过去决定现在。现在是果，我们活在过去种下的因上。而能否活出不一样的人生，关键在于以下三点。

第一点，如何看待过去。

有的人信奉"过去决定论"，即过去不好未来一定不好。比如，他会说："我原生家庭不好，我当年只读了个普通本科，我毕业后的前两年都荒废了……这些都决定了我肯定也就这样了，没有太大的希望了。"

而有的人信奉"过去不决定论"，即你不能用我的过去评判我的未来。他会说："我原生家庭不好，我就把自己打碎了重建，虽然过程痛苦且漫长，但不是不可能，很多人都做到了，为什么我不行？我当年没考上本科，没关系，毕业后长期的自学才是拉开人与人之间距离的关键，只要每天坚持学习，持之以恒，我一定会赶上来，甚至超越他人。"

第二点，如何使用过去。

有的人把过去当作借口、理由，自我安慰道："我现在过得不好都是有理由的，不赖我现在不努力，赖我的过去。"而有的人把过去当作警示，用来反思、分析，他们从过去找到打开未来的正确方式。

第三点，多大程度上活在过去。

仅仅是正常程度上认为"过去影响现在"，这并不可怕，每个人都是如此。可怕的是，很多人还主动沉浸在过去中，不想走出来，陷得越深就越看不到希望。

强者更多地活在未来

2016年，李安回中国宣传《比利·林恩的中场战事》时说："《少年派的奇幻漂流》过去好久了，我基本上感觉到，虽然我62岁了，但我还在成长。这个成长，一方面是我在电影方面追求的一个成长，另一方面是我对这个世界的观察，还有对我内心的观察。"

听完我很震撼，一个62岁的人说出这样的话，我就知道他还有广阔的未来。五年后，已经67岁的他又有新的电影上映。我记得他曾经说过，以他在电影界的地位，再拍十年烂片也有人愿意拿钱给他拍，但他不能这样，他希望继续尝试、不断突破。这就说明他永远年轻，永远有未来，强者更多地活在未来。

大学毕业后，我住在北五环 10 平方米的地下室里，我可以接受这样的境况，因为我活在未来，我知道一切都是暂时的。我的第一份工作是在服装店卖衣服，我不怕别人嘲笑，因为我活在未来，对我来说这只是一个临时糊口的饭碗。因为活在未来，所以无论多困难，我都选择留在北京。

2018 年春节前后，在整个行业的大部分从业者认为公众号的红利期已过，不值得再投入时，我选择了辞职做公众号。因为我看到的是不一样的未来：我看到未来五年，公众号还有巨大的潜力，而且有一轮原创红利期，之后大量营销号上的粉丝会逐步自发地流动到有价值的公众号上。所以我坚决辞职，从零开始做公众号。

活在未来，就是为了未来而活。我们现在做的所有，都是为了未来。这就是为什么，我希望大家要在每个阶段都重新确认自己未来的样子。

努力过好现在是一种痛苦的幸福

写这句话的此时此刻，是下午 2 点 48 分，同事们约我去看电影，我没去，因为我要写作。而为了更好地完成写作，我其实 6 点就起床准备了。今天是周六，阳光很好，适合外出，我不仅大半天的时间要待在家里写作，中午和下午还只能吃轻食，因为我在减肥。

是不是很痛苦？说不是，就虚伪了。

那么我就不幸福了吗？不，我很幸福。如果一个人能每天写一节课程文稿，还能每天变瘦，这难道不幸福吗？坚持一个月，这个人就写完了一门课程，并且拥有了健康的身体，这不是一种幸福吗？所以，现在的努力是一种痛苦的幸福，有痛苦，但也很幸福。

2020 年底买了房子后，我终于体验了一次"装修掉层皮"的痛苦。可现在回想起来，好像所有跟我说"装修掉层皮"的人基本都是笑着说的，因为痛苦过后，家变成了自己喜欢的样子。未来的样子越是美好，现在需要承受的痛苦可能就越大。

一周七天，五天晚上我都要直播。有一天我就在办公室里感慨："好痛苦，今晚又要做直播。"这句话说出口的瞬间，我马上又回击自己："不，我很幸福，直播多好，既给学员做了分享，又锻炼了自己。"我就是这样熬过一年上百场直播，跟同事们一起把业务越做越好，公司越做越大的。过去五年，我每年都有很大的成长，做出了不错的成绩，这正是因为我每天都练习吞下现在的苦。

必须这样吗？是的，因为不这样，就无法让精进性改变持续，无法让革新性改变出现，最终无法让过去的连续性实现一次非连续改变。活在未来，就是需要努力过好现在，因为"活在"是一种切实的行动，有行动才有机会"活成"，未来只能"活成"而不能"想成"。如果没有努力过好现在，活在未来这件事也就不存在。

第三章

时间押注：
能否成事的关键

第一节

时间押注方法：学会时间押注，获得更高回报

何谓时间押注？人的一生其实就是一段时间，这段时间可能是60 年，可能是 80 年。更直白地说，时间就是我们的命。命运可以理解为对命的运用，我们一生所得，都是拿时间"换来的"，时间是我们最大的筹码。把时间押注在哪儿，决定了我们的一生。所以学时间管理，要学会时间押注。时间押注有什么技巧吗？这跟投资一样，永远押注大概率事件。

2014 年李斌创办蔚来汽车，马化腾、刘强东、雷军、张磊等企业家和投资人都鼎力支持。这是为什么？除了因为李斌在这个领域深耕多年，还因为他在创办蔚来前，已经创办了两家上市公司。如果你是投资人，你更愿意投成功过两次的人，还是失败过两次的人？

每个人的可用时间都是差不多的，人的一生有七八十年，每年都只有 12 个月，每天都是 24 小时。我们所拥有的时间是相等的，

但时间押注是不同的，随着时间的推移，我们所得的回报差距会越来越大，所以我们要学会时间押注，将时间押注在大概率事件上。具体时间押注要注意以下三个方面。

把时间押注在怎样的空间上

有个词叫"时空"，时间和空间构成了时空，我们永远不能脱离空间谈时间。我说这样一句话：我在山东农村待了 20 年，20 岁时来北京体育大学读书，毕业后留在北京，至今"北漂"七年。

这句话中有两个最重要的元素：时间和空间。如果你不认识我，这句话里的三个空间关键词会让你对我有一个基本的印象：山东，可能让你想到我实诚、好客，酒量好，喜欢稳定的工作；北京体育大学，可能让你想到我是个体育特长生，爱运动，身体强健；北京，再加上"北漂"这个元素，可能让你觉得我吃了很多苦，很努力打拼。

为什么我们看到空间关键词后，会有这样的联想？因为我们知道，空间天然会塑造人。如果你最近认识一个女生，你想周五跟她约会，然后问她："你周末一般去哪儿？"她可能回答"宅在家""去书店""去酒吧""去公司""去健身房"……这些空间关键词也都会让你产生一些联想，这同样是因为空间天然会塑造人。

第一个例子，我讲的是大空间；第二个例子，我讲的是小空间。空间无论大小，都会塑造人。那我们要把时间押注在怎样的空间上？不管是大空间还是小空间，都要选择大概率上能让我们变得更好的。如果我们想在工作事业上更进一步，怎么选择发展空间？选事业发展机会更多的大城市。如果你来到大城市工作，怎么选生活空间？我的看法是，能在市中心租10平方米的房子，就不要在郊区租30平方米的房子，因为便利的交通和生活设施能有效提高你的时间使用效率。

空间对你的塑造是潜移默化、日复一日、永不停歇的。如果我们想利用周末时间学习来提升自己，应该怎么选空间？我的看法是，能不待在家，就不要待在家。尽量早起，洗漱后出门，去书店、图书馆、自习室、公司办公室、咖啡馆等。只要你出门，这一天很可能就比宅在家里玩手机收获得更多。如果选择在家学习，我建议能在客厅就不要在卧室，能在书桌前就不要瘫在沙发上。

如果周末想休息，怎么选空间？可以比平时多在家里待一会儿，但是也要尽量制造外出机会，可以去商场逛街、去书店看书、去健身房游泳、去公园溜达、去户外爬山等，不是只有躺在家玩手机、打游戏、追剧才叫休息。选择让自己的身心更健康、更积极的空间，而不是更沉迷、更堕落的空间。

从今往后，每规划一段时间时，我们都要提醒自己，规划时间的同时，我们也选择了空间，而空间必定会塑造我们。比如创业时租办公室，我选择租的是联合办公空间的一间办公室，有15个工位，每个工位的租金是每月2 000元，合计每个月的房租是3万元，一年 36 万元,这间办公室的面积不到 40 平方米。而这个价格,在北京其实可以租一整间 200 平方米的办公室。但我没有,因为我们团队在北京的一共 10 人左右,规模太小,单独租一整间办公室容易缺少办公氛围。在联合办公空间,十几家公司共用一个大的办公空间,共享这个空间的会议室、大茶水间、电话间、会客大厅等。这个空间总有人在聊工作、谈合作、开会,会一直释放积极、明快、热情、健康的工作氛围。

把时间押注在怎样的人身上

没有人是一座孤岛。我们独处的时间其实并不多,生命中的大部分时间,我们都是在与人同行。上班的时候,与领导、同事同行;下班回到家,与家人同行;休闲娱乐时,与朋友同行;学习时,与老师、同学同行。我们的时间质量很大程度上取决于和谁同行,即把时间押注在怎样的人身上,并被他们影响和塑造。

比如,有个词叫"阿里人",指的是如果你加入了阿里巴巴这个公司,你的上班时间将与身边的同事、领导共同度过,他们影响了你,你也变成了受阿里巴巴企业文化影响的一个人。又比如,有个词叫"夫妻相",指的是两个人在一起生活,在言谈举止、说话方式、生活习惯、价值观等各个方面会相互塑造。一起生活的时间越长,越是如此。再比如,有个词叫"师承",沃伦·巴菲特师承本杰明·格雷厄姆,岳云鹏师承郭德纲,老师对你的教育会影响你的一生。

我们要把时间押注在怎样的人身上？任何时候都应该选择大概率上能让我们变得更好的人。选恋爱对象、结婚对象，是一生最重要的时间押注之一。你很有可能跟他生活一辈子，他也必将用一生的时间日复一日地塑造你，他是你的"人生合伙人"。样貌、身高、体重、学历、收入等可能很重要，但我们更需要问自己一句：跟他在一起，能否让我变得更好？

选老板也是一次时间押注，是一年或者三年，甚至十年的时间押注，老板的选择决定了我们的能力、视野、格局、收入等，所以每一份工作都要进行综合评判，不能只看某一点。我做新媒体编辑时，曾有企业家高薪邀请我加入他的公司，但我纠结了一个月后放弃了。原因是他的公司是做营销号的，相比内容价值，他更关心流量。而我却更看中内容价值，所以不能为了短期收益，把我的工作时间押注在那里。

选同事也是一场时间押注。我们与同事相处的时间可能比与老板相处的时间更长，决定是否要继续待在这家公司，也可以看看同事是怎样的一群人。他们是否积极向上、努力工作、爱学习、善良正直等。如果他们没事就聚在一起闲聊、议论老板、吐槽公司，建议早点离开这家公司，因为我们可能会不知不觉地融入其中。

很少有人能做到出淤泥而不染，也很少有人会"见贤不思齐"。我们要尽可能多靠近比自己更优秀的人，向他们学习。有句话是这样说的，跟三观不合的人同行，就像慢性自杀。这句话我是反对的。三观是指世界观、人生观、价值观。我认为多结交优秀的人，多向各领域的领军人物请教、学习，让他们的世界观、人生观、价值观不断冲击我们，能不断地塑造我们的三观，使之变得更好。

把时间押注在怎样的事情上

过往的所有经历，塑造了人的自我。也就是说，你过去做的事塑造了今天的你，你现在做的事正在塑造未来的你。高中时，我觉得人生最好的出路就是考一所好大学，所以我几乎将所有的时间都押注在学习上。大学时，我深感自己知识匮乏、精神贫瘠、见识短浅，所以我没有把更多时间押注在听课和提高成绩上，而是押注在读经典书、看经典电影、旅行和收获各种体验上。2015 年至今，我大部分的时间都押注在写作这一件事上，做编辑、做讲师、做公众号、开发课程，都是这一件事的不同表现形式，读书、观影、见人、做事，都给我的写作提供养料。我一直在写，写作水平一直在提升，带来的回报也越来越大。

把时间押注在怎样的事情上，效果是看得见的。把时间押注在哪里，哪里就有收获。2018 年和 2019 年，我把更多的时间押注在写"爆款"文章上，所以我的公众号运营起来了。2020 年和 2021 年，我把更多的时间押注在做课程、写书上，收获也必将体现在这里。

一天只有 24 小时，睡眠需要 8 小时，剩下 16 小时，我们押注在哪里？也许很多人是这样的：三餐，3 小时；打游戏，2 小时；追剧，3 小时；"刷"短视频，2 小时；"刷"社交软件，1 小时；打扫和收拾房间，1 小时；"逛"购物网站，2 小时……如果想知道我们在手机上花了多少时间，可以看手机运行时间统计，查看各个手机软件的运行时间。

但是如果我们用每天"刷"短视频、社交软件的 2 小时来看经典电影，一年就可以看 300 部以上。如果我们想练习写作，每天抽出 1 小时写 500 字，一年就能写 18 万字左右。很多人虽然想提升自己某方面的能力，想学习一项技能，却总是说自己忙，没时间。其实，几乎没有人会忙到每天都必须工作十几个小时，完全没有空闲时间。我有个习惯，就是每天记录时间消耗情况。我发现原来在办公室跟同事闲聊时，半个小时一会儿就过去了。原本是为写作找资料，结果不小心打开其他网站就看起来，回过神来发现，一个小时已经过去了。

当我们说过去一年没什么成长时，可以问问自己过去一年的时间主要押注在了哪里。每个阶段都要把时间押注在最重要的事情上，押注在让自己变得更好的事情上。当我们觉得这样很痛苦时，记得想想前面我提到的"痛苦的幸福"，很多时候痛苦和幸福是一件事。

第二节

时间押注方向：一流时间管理的前提是明确目标

为什么那些有名的企业家，如埃隆·马斯克、杰夫·贝佐斯、比尔·盖茨、沃伦·巴菲特、马克·扎克伯格、雷军等，都是时间管理的高手。其实不仅是这些有名的企业家，各领域的行业精英一般都是时间管理高手，至少比大多数人的时间利用率要高很多。那么，是因为出色的时间管理能力成就了他们，还是因为他们本身很优秀，所以时间管理能力很强？也许都是，也许二者相互增益。

每天吃饭的时候看着窗外，我就想今年公司的营收要在去年的基础上提高 20%；每天早上醒来，我就知道自己要完成一节课的写作；每天看一下账户后台的各项收入，我就知道本月离实现营收目标还差多少；想偷懒的时候，我就会想到这个月的写作训练营招生还是个问题；想多"刷"一会儿社交软件时，就感觉有个声音在提醒我：今天写完课程文稿还要改海报文案，还要写视频号文案，还要跟同事讨论社群运营的事……所有的时间管理高手都有明确的目标，不管是长期目标，还是短期的月目标、周目标，他们的目标都很明确，这样的人，时时刻刻都知道自己该做什么。

普通人的时间管理问题

有个网友向 PPT "达人"许岑老师倾诉："我学英语怎么也学不会，最可能的原因就是我有'拖延症'！"许岑老师回复："我看未必，最可能的原因是你根本不需要学英语。"我曾在一家黄焖鸡米饭餐馆吃饭时听到一段有趣的对话。有人问："你们一天到晚拿手机打游戏，有意思吗？"另一个人回答："我不打游戏还能干啥？"

没有目标的人不需要做时间管理。当你感觉自己的时间管理有很大问题时，可能是因为你没有目标。你可能会说："我有目标，我想赚更多钱，想实现财富自由！"但这不是目标，是"念想"，每个人都有无数"念想"。

就在写这段话时，我拿起手机看到一个朋友在社交平台上发的一段话。

> 去年一整年，工作、生活、感情被前所未有的混乱包围，也不断为自己的脆弱感到内疚和抱歉，但最近感觉每天都是开心的，目标清晰又简单，努力工作，认真赚钱，买房、上学、读书，今年的我，是跑起来的我。

这段文字很有意思，我们来分析一下。

什么是"被混乱包围"？就是指没有明确的目标。"被混乱包围"本身就能说明一切：包围，就是很多东西围绕着我们，每一个东西都试图消耗我们，这时候人就很脆弱。

"最近每天都是开心的"，是因为目标清晰。我们从来不说"目标包围着我"，因为目标指的是一个明确的方向，它不会"包围"，正如我们不会说"混乱指引着我"。

写下"目标清晰又简单"后，她紧接着写了，"努力工作，认真赚钱"和"买房、上学、读书"。很庆幸，她不是只有前者，因为前者是"念想"，后者才是目标。她知道自己心仪的房子长什么样，知道自己离这个目标还有多远，应该怎样去实现。她已经工作几年了，而又提到上学、读书，她大概已经确定了要在哪个领域继续深造。

她说"今年的我，是跑起来的我"，因为有了明确的目标，她必然不会原地踏步。目标要求她跑起来。

我开设了时间管理课，有个学员发来她听完第一节课的改变。

她说她 2021 年的核心目标就是考上上海交大的 MBA（Master of Business Administration，工商管理硕士），以后在上海或南京发展。她现在每天学习英语、数学，准备面试申请材料。她已经写了 2 万多字的面试申请材料，包括行业分析、企业分析、自我优劣势分析、管理知识梳理、自我管理能力梳理等内容。她报了一个线上辅导班，在班里 85 个人中，她的作业总是最先完成的，而且每次都是一次性通过，并被核定为优秀作业，而有的人则要改很多次。她说这多亏了去年参加我的写作训练营，让她的写作能力得到了很大的提升。

她是一家企业的高管，收入颇丰，有孩子有家庭，但在三线城市的她，不满足于现状，总觉得人生还可以有更多的可能，一直想让自己的人生实现一次非连续。我特别为她感到高兴，因为她找到了明确的目标，这是她为自己的人生引入的一次革新性改变。

我们可以学习一个人的勤奋，可以借鉴一个人的时间清单，但无法复制别人的动机，因为每个人都有自己的目标。

你的时间流动方向比时间流逝速度更能决定人生

为什么不用更简洁的表达，而要在"时间流动方向"前加上"你的"二字呢？因为和很多人的认知不同，时间本身是没有方向的。你可能会说，不对，时间一直在往前走，它每天都在流逝。是的，但这只能表明时间是有"箭头"的。有句话叫"开弓没有回头箭"，这叫单一箭头，不能回头。每支箭都有一个箭头，但它本身没有方向，方向是射箭者定义的。所以我在前面加上"你的"二字，表明每个人要给自己的时间箭头指明方向。

决定时间箭头方向的要素是什么？目标。一流时间管理的前提是明确目标。这句话在哲学上的意义是：目标通过帮你管理时间箭头的方向，进而决定你的人生走向。物理学家卡洛·罗韦利说："时间不是一条双向的线，而是有着不同两端的箭头。"对我们影响最大的是时间的流动方向，而非其流逝的速度。我们都度过了一年，但每个人的时间流向是不同的，而流向与流速相比，更能决定我们的人生。本质上，时间流速对每个人来说是相同的。但相对来说，即使做一模一样的事情，有人只需要一天，有人则需要三天，我们说后者的时间流速更快，其实说的是前者的效率更高。效率就是单位时间内完成的工作量。在时间管理上，管理流速也就是管理效率，但更重要的是管理流向。你的时间箭头指向何方，才是决定你人生的关键。

2006 年，埃隆·马斯克在特斯拉官网上发布了一篇文章，题目是"特斯拉的秘密宏图（你知我知）"。在文章末尾，埃隆·马斯克指出了自己明确的目标三部曲：第一步，生产跑车；第二步，用挣到的钱生产实惠的车；第三步，再用挣到的钱生产更实惠的车。

十五年后大家发现，他真的是按照这三步来执行的。在这 15 年的时间里，他有一个明确的方向。他经历过很多困难和危机，并且因为做的事情具有开创性，推进起来更是难上加难，最初有很多人嘲笑他。但他的时间流向，他的时间押注，最终让他赢得了一切。

做事慢一点，没关系；有"拖延症"，没关系；做的事很困难，见效慢，没关系；有时会偷懒，没关系。你只要保证自己在对的方向上，随着时间的推移，一定会跑赢大部分人。

第三节

时间押注聚焦：无法专注的人，注定一无所成

我做过一门课程叫"个人爆发式成长的 25 种思维"。有学员听完课后提问："老师，这 25 种思维中哪三个对你来说最重要？"我的答案中一定有专注思维。专注这个词大家都很熟悉，但真正透彻理解它的人却不多。

什么是专注

专注是什么意思？它的释义是专心致志，它的反义词是分心。按这种释义来说，我应该是不够专注的人。比如有时我写一门课的课程文稿，效率特别低，本应上午写完的，结果到了下午 5 点，才写了不到 300 字。当然中间可能因为做其他事情占用了时间，不过它们占用的时间加起来不超过 3 小时。

为什么一天下来我才写了不到 300 字？因为我无法专心致志，一直在分心。我总是惦记着在社交账号发布的那条 10 分钟的长视频

能不能获得 1 000 个赞，隔一会儿就点进去看一眼，并且每次点进去看时，又可能被某条留言吸引。我好奇地点击留言者的头像，就会跳转到他的账号，我浏览着他的视频，这时快递员打电话让我支付运费。我支付完，随手打开了网购平台主页，又"种草"了几件机车皮衣……还有很多分心的片段就不列举了，这一天我一直在被不同的事情影响。

中学时有同学说我有多动症，多动症的表现之一就是多动，只不过那时没手机，而今天我是在手机上"多动"。但是，从另一个角度来看，很多人都觉得我很专注。比如，我一直在写作，过去五年中，每年、每月、每周，甚至几乎每天我都在写，只不过有时写文章，有时写课程文稿，有时写经验分享，有时写读书心得，有时写视频的文案。

再比如，我一直在做"粥左罗 21 天写作训练营"，到现在已经做了 23 期，当年很多跟我一起做或比我做得早的人，都不做了，而我还在做。我希望自己能做 100 期，希望未来五年甚至十年我都不会放弃写作教学。

再比如，我可以连续 40 顿吃同一家店的健康餐，而且接下来可能还要吃 100 顿。我觉得一件黑色短袖穿着很合适，就订了 30 件换着穿。我觉得一条黑裤子挺好，就买了五条。我每天穿的都一样，都是同样的黑色短袖和同样的黑裤子。

你可能会问，这是专注吗？我觉得是，而且是异于常人的专注。

其实我认为的专注包括以下两个方面。

第一，当下专心，指的是做一件事时专心致志，不分心。

第二，长期专一，指的是在较长的时间周期里，将核心的时间用于专门做一件事。

我是一个半专注的人，经常做不到当下专心，但我能做到长期专一。

当下专心很重要，长期专一更重要

我们先说当下专心。我先从这方面来剖析一下我是一个怎样的人。

如果我对一件事有浓厚的兴趣，我会像变了一个人似的，变得无比专注。以前学滑板的时候，我可以一个人在学校角落从午饭后滑到天黑。

写作也算是我有浓厚兴趣的事。大多数时候，我是可以专心沉浸于写作的，尤其是写我特别感兴趣的话题、观点、人物、故事时，可以坐在座位上三四个小时不起身。越是像我这样容易分心的人，越要尽可能地做自己感兴趣的事，否则很难做到专注。

尽管我如此喜欢写作，但当它变成我的工作时，我也必定是苦乐参半的，因为它变成了一项任务。比如写课程文稿，其实写课程文稿对我来说最大的乐趣是深度思考、清楚表达和启发他人。但是，一旦开始写时，它就成了一个强制性任务，周一到周五，每天都要写，雷打不动。但是恰恰因为它变成了一个强制性任务，我才能对抗分心。因为当天的课程必须按时写完，当天晚上9点才能在平台上架，所以我就变得很专注，直到完成任务。

在人性方面，我并不异于常人，我跟大家一样，人性的所有弱点我都有，只不过我在充分认知了这些后，会试着驾驭它们，和它们和谐相处，所以我的时间管理方法是写给普通人的。

总结概括一下，我们如何才能做到当下专心。

第一，虽然只做自己完全感兴趣的事是不可能的，但也尽量不要做自己完全不感兴趣的事，至少要做自己部分感兴趣的事。

第二，一定要学会不停地给自己安排强制性任务。

对于一个成熟的成年人来说，一定要认识到后者比前者重要。感兴趣是主动专心，是顺应人性的；强制性任务驱动是被迫专心，是违背人性的。

接下来，我们再讲讲长期专一，它比当下专心更重要。

前面讲目标时我说，只要保证自己在对的方向上，随着时间的推移，一定会跑赢大部分人，哪怕做事慢、效率低、喜欢拖延。这是为什么呢？因为很多人喜欢换方向，也就是做不到长期专一。试想，如果一个人去年当策划师，今年当商务工作者，明年做编辑，后年做行政人员，四年下来他在任何领域都很难成为高手和专家。再试想，如果一个人既运营短视频账号，又运营公众号，也运营其他媒体账号，一年下来，他大概率在哪个平台都运营得不好。

不管从哪个角度看，无法长期专一的人，都注定一无所成。那么，如何做到长期专一？

不要有太多目标和太多欲望。我们有能力得到很多东西，但很难同时得到，也很难全部得到。

一切皆有延迟，耐心等待长期专一的回报。为什么很多人无法做到长期专一？因为他不知道行动和结果之间是有延迟的，想要的结果越好，需要等待的时间就会越久。但大多数人既希望得到期待的结果，又没有耐心等待。

相信复利，时间越久回报越大。我写作五年多了，身边不断有人跟我一起写，然后又放弃。我见过很多天分不错的编辑，如果他们能坚持到今天，靠写作让收入大大增加并不是一件难事。但他们放弃了，选择了转行，专业技能也没有得到很好的积累。

不仅是写作，读书、学习、职业发展也是如此，在一个领域里深耕下去，不断地付出，个人的能力才会不断提升。写作已经让我收获了许多，但我相信如果我能再写十年，回过头来看今天时，可能我的回报才刚刚开始。

专注，不管是当下专心，还是长期专一，都是在一个周期内把更多的时间押注在核心的事情上，这样才能在这件事上不断精进。而精进性改变持续下去，一定会带来革新性改变，从而实现一次非连续改变，这是让人生不断有更多可能的关键。流水不争先，争的是滔滔不绝。只要我们滔滔不绝，最终就能奔流到大海。

第四节

时间押注密度："大力出奇迹"，快速崛起

我最早听到"大力出奇迹"这句网络流行语是在台球桌上，大家都是业余打着玩的，没有高超的技术，没有合适的台球，没有合适的角度，当遇到角度刁钻的球时，我们无法通过技术化解，但还是要出杆，所以我们的选择无一例外就是"大力出奇迹"。

简单粗暴，但有效

无数次实践证明，"大力出奇迹"这种方法确实有用。从逻辑上来说也确实如此：台球运动的时间越长，路线越多，把一个球撞进洞的概率就越大。其实"大力出奇迹"在很多领域也是有效的。

字节跳动创始人张一鸣一直信奉"大力出奇迹"的方法论。他在字节跳动七周年庆的内部演讲中说："回头看，开始的时候我们的很多方法并不好，但是我们很努力、很专注，最终我们'大力出奇迹'。"

以抖音为例，据 36 氪报道，在 2018 年春节期间，抖音平均一天投入 400 万元预算，在各大平台疯狂买流量，结果日活跃用户数涨了 3 000 万。看到势头起来后，抖音继续加大投入，5 月份有段时间每天拿出 2 000 万元的预算买流量，除此之外还拿出几十亿元作为红人的内容补贴。结果抖音在 2018 年春节前的日活跃用户数是 3 200 万，春节后为 6 200 万，4 月日活跃用户数突破 1 亿，5 月底日活跃用户数已经涨到 1.5 亿，这就是"大力出奇迹"。

再比如雷军从一个手机"门外汉"，打造出一个"豪华手机人才天团"，靠的就是"大力出奇迹"。雷军在公司创立的第一年在招人上投入较大，80% 的时间都在招人。他列了一个很长的名单，然后一个个去谈，他相信事在人为，招不到人才，只是因为投入的时间和精力还不够多。加入小米的前 100 名员工的入职工作都是雷军亲自沟通的。

雷军说，找人不是"三顾茅庐"，而是要"30 次顾茅庐"！只要有足够的决心，花足够的时间，很大概率上可以组成一个很好的团队。有个典型案例广为流传，雷军曾经为了招到一个出色的硬件工程师，连续打了 90 多个电话，最后为了说服对方加入小米，几个合伙人轮流跟该工程师交流了整整 12 小时，最后工程师答应加入。过后工程师说："我之所以赶紧答应下来，不是因为那时有多激动，而是因为我体力不支了。"

3 倍付出撬动 10 倍回报

2019 年 2 月 21 日，知名记者雷晓宇在虎嗅网上发布了一篇文章《两万字解密：腾讯为何把产业互联网交给他》，在整个行业收获巨大影响力，一时间风头无两。

另一位知名记者程苓峰这样评价雷晓宇："雷晓宇让我又想起了'大力出奇迹'。听说她是采访了汤道生本人 8 小时，速记加资料有百万字，写到脱发，两周不下楼，才写出了那篇文章。你说这些数据拿出来，不管文章立意是否精准，其效果肯定是出类拔萃的。好像潘乱也是这样，写一家公司得和几十个人聊了才动笔。这没有几个人能做到，'大力'背后是热情，我看雷晓宇对人的兴致，潘乱对行业的兴致，都是发自内心的。腾讯会找雷晓宇，那么多人会跟潘乱聊天，我觉得也是因为他们热情、认真。"

我也是个写作者，对这段话深有感触，深表赞同。过去，我写过 100 多篇阅读量超过 10 万、数十篇阅读量超过 100 万、一篇阅读量超过 1 500 万的稿子。大部分稿子都是"大力出奇迹"的产物。说"大力"，是因为写每篇"爆款"文章，我投入的时间和精力都非常多，有时候为了成功追到一个热点，我会花很多时间沉浸在热点里，时刻关注新闻，否则不会那么敏锐。此外，我在写文章前会花很多时间去阅读、理解和梳理材料。一篇"爆款"文章的产出，是一连串事件的配合：找对了选题、借对了势能、选对了角度、取好了标题、列好了结构、讲好了故事等。有一个环节做得不好可能都不会出现奇迹——所谓的"爆款"文章，所以，我在每个环节上都尽可能多地去投入。

为什么要这样投入？其实这与"大力出奇迹"的本质有关：力足够大，突破临界点，就会出现奇迹。回报和付出不再对等，而是回报远远大于付出，即 3 倍付出，可能撬动 10 倍，甚至百倍回报。

压倒性投入才能破圈升阶

现在站起来努力向上跳，看看你能跳多高。其实就算你能跳 2 米，比篮球运动员还厉害，还是会落到地上，因为地球的引力很大，我们根本没有"逃逸"的可能。

如何"逃逸"？就是要"大力出奇迹"，就像如果速度足够快，突破临界点，就能脱离地球。这个速度是每秒 11.2 千米，即第二宇宙速度。2018 年我创立公众号时写过一句话："汲取向上的力量，逃逸平庸的重力。"

其实，我们不可能在所有领域都出类拔萃，我们要找到最适合自己的领域，脱颖而出，成为站在相关领域顶端的少部分人——成为前 20%、前 10%，甚至前 1%。如果做到前 10%，也就突破了临界点，就可能获得机会破圈升阶，进入新的起点。

如何做到呢？我们大部分普通人其实别无他法，唯有"大力出奇迹"：时间上压倒性投入，结果上压倒性胜利。就像雷晓宇，我不相信她不这样投入就能取得这样的成绩，我也不相信这个行业的人都这样投入，因为对于大多数人来说，懒惰是天性。如程苓峰所言，没几个人能做到。许多创业者抱怨招不到人才，但没有多少人会像雷军一样花 80% 的时间去招人，为了拿下一个候选人压倒性投入 12 小时，聊到对方体力不支，最终同意加入为止。

过去几年，我最擅长的一件事就是通过时间上的压倒性投入，跑赢同行业的大多数人。在做新媒体编辑时，整个新媒体小组有 6 个人，我写出的"爆款"文章的数量是同组人的两倍以上。事实上，同事们在很多方面都比我优秀，而我最大的优势就是在时间上压倒性投入。比如追热点、写"爆款"文章，要比谁报选题快，谁出文快。这要如何做到呢？我周末两天都不出门，因为一旦出门去逛街、聚会了，很可能一下午，或者一晚上都不看新闻，而热点事件是随时可能发生的，很容易错过。

当多次这样"大力出奇迹"之后，我逐渐在新媒体小组中脱颖而出，后面有好选题时，我就有了优先选择权，领导有重要稿件需要写时也会先想到我，我的机会和资源也越来越多，很快就破圈升阶。

在我加入新的平台做课程时，平台上有很多优秀的老师，但我是唯一一个每一节课都按时上架的，这让我颇受平台运营人员的好评。同时，我也是给自己的课程写推广文章最积极的老师之一。这些努力让我的课程推广效果很好，所以平台决定把更多的资源投放给我。2017 年，我的课程曝光量高达 6 000 万。

　　我们要在每一个阶段，在一件核心事情上押重注，进行压倒性投入，我们不仅要知道自己要做什么，更要每天提醒自己不做什么。选择不做是为了把时间留给押重注的事情。这种压倒性投入，能让我们在这件事情上超过 90% 的押注者。这时候很多过去想不到的机会、资源都自然会主动找来，帮助我们破圈升阶。

　　回顾过去的成长经历，你有没有在哪一件事上真的做到过压倒性投入？如果没有，建议你尝试一下，或许就能找到做好一件事情的密码——"大力出奇迹"，进而实现破圈升阶。如果你有过这样的经历，恭喜你，你需要把这种成功的经历延续下去。回顾我过去的成长经历，每一个阶段的突破，都离不开"大力出奇迹"。

第五节

时间押注监控：每个阶段都重新确认时间押注

我们前文讲的时间押注的目标、专注、"大力出奇迹"，都是围绕时间用在哪儿展开的。本节我们重点讨论的是在一个人生阶段，如何通过最优时间分配利用策略，跑赢大部分人，让自己的人生拥有更多的可能。

我们一生的时间有 80 年左右，分为很多个阶段，所谓的最优时间分配利用策略，不是万能的，并不适用于所有阶段。本节主要是告诉你，要养成及时提醒自己的习惯，经常问自己是否要重新思考最优时间分配利用策略了。

每个阶段都重新确认时间押注

我之前说时间是最大的赌注，把时间押注在哪儿，决定了我们的一生，并且提出要从三个方面来思考：把时间押注在怎样的空间上？把时间押注在怎样的人身上？把时间押注在怎样的事情上？

我们应该将这三个问题写在一张卡片上，放在办公室或家里，以提醒自己，每半年到一年再认真思考一次，重新确认一次。注意，我这里说的是重新确认一次，而不是必须改变。"改变"需要我们思考清楚，"不变"也需要我们思考清楚，而不是让人生靠惯性推进或被外力改变。而这三个问题的答案也并不是每个阶段都要改变的，有的连续几个阶段都不用改变，有的每个阶段都需要改变。

我2009年参加高考，目标是考上北京的大学，却考上了山东的一所学校。我问自己，是不是一定要去北京，答案是一定要，所以我选择了复读，并于2010年考上了北京的大学。2014年大学毕业时，我问自己要不要留在北京工作，答案是要。毕业一年我的发展非常不顺，爸妈催我回山东老家，我再次确认了目标，选择继续留在北京。2017年前后，我27岁，同学和朋友陆续结婚成家，我又问自己是不是还要留在北京，答案仍然是要留在北京。2020年，我决定买房，也对这个问题进行了深度思考，又一次确认自己要留在北京。这是我对空间的最大押注，长期押注北京。

把时间押注在怎样的人身上也需要定期思考。比如有一天你觉得在这家公司继续工作下去没有价值、没有意义，就应该离开，永远要追随可以做你榜样的老板和领导，要跟可以共同成长的同事在一起做事，因为人和人会相互塑造。

对事情的押注也是如此。你过去做的事塑造了今天的你，你现在做的事塑造了未来的你。在不同阶段，核心的事情可能不一样，我们需要及时重新确认。大学时，我把时间押注在读书上。毕业后，我把时间押注在事业上。

每个阶段都重新调整并迭代目标

在写这本书之前，我在社群里向大家征集时间管理方面的问题。其中有个同学问："集中一段时间完成自己想要做的事情后会突然松懈，这种松懈，是因为自身驱动力不足吗？"

如果你不知道如何回答这个问题，说明你没有很好地理解"一流时间管理的前提是明确目标"这句话。我先拆解一下这位同学的提问。"集中一段时间完成自己想要做的事情"，意思就是说，当他有明确的目标时，他的时间管理一般就做得很好，因为目标在帮他管理时间箭头的方向，让他在这段时间里当下专心，长期专一。"完成自己想要做的事情后会突然松懈"，从另一方面证明了，目标消失后，本质上就不再需要很好的时间管理了，因为时间管理就是为了实现目标的。没有目标，时间箭头无所指，什么事都可以吸引他的注意力。要如何避免这种情况发生呢？

首先，尽量不出现长时间的目标空窗期。一个目标达成后，不要让自己处于长时间的目标空窗期，而是要越战越勇，挑战下一个目标。

其次，尽量每隔一段时间刻意迭代目标。不管是在工作上，技能学习还是财富积累上，都不能有"小富即安"的心态，达成了一个阶段性目标后，要让自己的目标继续升级。很多人不能持续精进，就是因为作为时间管理引擎的目标开始失效了。

最后，每隔一段时间要重新确认目标。这跟上面两点不同：第一点指的是目标达成后要设立新目标，第二点指的是在一个目标方向上不断升级目标，而第三点指的是，问问自己是否要调整目标。这跟时间押注的逻辑一样，重新确认目标，不一定非得改变目标，如果要改，也是想清楚之后做出的决定。

当然并不是我们制定的所有目标都方向正确、合情合理。比如，2019 年我定了一个目标——要在 2020 年出版三本书，重新确认后就放弃了。出书和做课程不同，课程可以随时迭代，但书不能随时更新、再版，一本书需要经历更久的考验，所以我调整了目标，调整为 2020 年出一本关于个人成长的书。

而在内容创业上，我的目标一直没有改变，公众号内容始终聚焦个人成长，课程培训也是如此。创业路上有各种各样的诱惑，总有人建议我做这做那，所以需要我自己不断确认。还是那句话，目标管理着我们的时间箭头的方向，进而决定我们的人生走向，所以每隔一段时间重新确认目标是非常重要的。

刻意规划革新性改变，人为制造非连续

我还想强调的一点是，很多时候我们要一定程度地为了改变而改变，也就是本来不需要改变，但我们刻意选择改变。为什么要这

样呢？因为要引入改变，打破连续性，实现非连续性，这是因为非连续性是人生拥有更多可能的希望所在。所以，有时候为了打破现有状态，为了改变而改变是有必要的。

例如，当你进入新媒体行业，报了一个写作班，这叫按需改变。而当你本来不需要学习写作，你的工作和生活也在正常推进，但你觉得人生缺乏变化，所以报了一个写作班，想看看接下来会发生什么，这就是为了改变而改变。当然这是拿写作举例，改变也可以是其他方面的，比如读 MBA、学拳击、进行一次探险旅行……这些都是为了改变而改变。

再比如，我在北京待了快十一年，如果有机会，我希望去深圳或杭州发展，当然我还是会长期押注北京。我不知道去了其他城市会如何，我只知道一定会引发一系列的改变。生活的城市对于一个人的发展来说很重要，去新的城市可能有好的改变，也可能有不好的改变，但没有改变肯定是不好的。这种所谓的为了改变而改变，其实也算是折腾，即不甘于现状，总想试试人生是否能有点变化。

当然，折腾可能会带来惊喜，也可能带来惊吓。总体上，我比较提倡经常刻意规划一些改变，人为制造非连续性。人一般不会随时间的流逝而有很大的变化，人要想发生大的改变，需要另一个改变触发。比如，加入了一个新集体，周围的人突然变了；离开了生活了十年的城市，生活有了新的开始；受到了很大的刺激，看到了人生新的希望，决定不再继续浑浑噩噩下去。这些刻意的改变，能够推动你向前踏出一步，使你脱离熟悉的轨道，给未来注入更多的可能。

第四章

时间要义：
厘清重点，拒绝瞎忙

第一节

区分事件类别：定义清楚人生中的四类事

大家大概听说过一句很火的话——"怎么过一天，就怎么过一生。"一生就像一天，只要做好四类事就可以了。这当然不是说重复做一模一样的四类事，而是从事情产生的当下价值和未来价值来看，几乎每件事都可以归为四类事中的一类。

是哪四类呢？介绍之前我先给大家分享几个我自己的真实经历。

有一天我去一个朋友的公司，他在忙，我便跟公司里的其他几个同事聊天。他们说："你之前骑摩托车去旅行，两个月没回北京，公司没事吗？很难想象我们老板出去一个月公司会怎样，估计要乱套了。"我的朋友这么忙是因为他要负责各种具体业务的跟进和细节的追踪。一个公司的创始人一旦被围于这些琐事中，就难以脱身。

我有个朋友从公司离职了，我问她原因，她说："受不了我的领导。掌管近百人公司的 CEO（Chief Executive Officer，首席执行官），每天亲自登录公众号后台精选留言，干涉得太多，我干不下去了。"

这个朋友以前跟我讲过，因为一直没招到一个合适的内容主管，所以 CEO 就自己干这些活。

其实是真招不到人吗？当然不是，没花足够的时间而已。如果按照前文提到的像雷军那样去招人，一定会招到的，只不过他没有这样做而已。一个拥有百万粉丝的公众号，每天的内容审核、编辑、运营都很重要且紧急，所以老板必须每天处理。招一个靠谱的内容主管也很重要，但好像没那么紧急，这周没招到，自己先顶上也可以，下周还是这样……结果很长时间过去了还是没招到。

老板尚且如此，自己可以把自己拖垮，更何况员工。老板因为常常被重要且紧急的事牵着走，所以还能做成些事，而可悲的是，很多员工天天被不重要且不紧急的事牵着走。有个网友说："小时候常听爷爷训斥父亲的一句话——'凡事都要分轻重缓急'。以前不懂，现在才知道'轻重缓急'原来是指四类事！"

这句话可能大家都听过，这四类事就是：重要且紧急的事、重要但不紧急的事、紧急但不重要的事、不重要且不紧急的事。

我们实现目标的过程必然包含这四类事。不管我们做什么，时间总是被这四类事填满，我们能做的就是为它们合理地分配时间。

我们必须对各种事情进行归类，因为成功践行的前提是定义清晰。

重要且紧急的事

2020 年 8 月中旬，我觉得实在有必要再次更系统地解决我个人的时间管理问题，所以我着手写这个话题。过去我也经常思考优化、迭代、践行时间管理的策略，但更系统、深入地研究和梳理，一定会让我受益匪浅。仔细地研究后，我发现很多人之所以疲于奔命却不觉得生活和事业有所改变，是因为每天的时间都被重要且紧急的事填满了。何为重要且紧急？重要，即不得不做；紧急，即不能拖延。

我也有这个问题，以下为我的日程安排。

2020 年 8 月 14 日：

必须修改并录一节课，当天要更新上传课程；

必须准备一个 60 分钟的内容分享，当天晚上 8 点直播；

必须写完一篇 30 分钟大会分享逐字稿，当天要交给合作方。

2020 年 8 月 15 日：

必须完成一个广告客户的软文大纲，当天要交给客户；

必须准备一个 60 分钟的内容分享，当天晚上 8 点直播；

必须根据合作方反馈修改完大会分享逐字稿，当天晚上要录制。

以上这些是我列出的当天花时间较多的重要且紧急的事，每一件都要花两三个小时甚至更多。除此之外，我还有很多花时间较少的重要且紧急的事要做，比如给公众号内容组的同事完成选题反馈，查看应聘者的笔试作业并给对方反馈。每一件可能要花半小时左右的时间，但都必须当天完成，这样的事加起来所花的时间并不少。于是，我几乎每一天都在"应急"。

现在，我们来一起定义重要且紧急的事：动作性的、紧迫性的、短暂性的、问题性的事。

动作性。这类事通常不是战略规划性的，而是战术执行性的，比如，不是预先在家里准备好很多套适合各种场合穿的衣服，而是需要时再去准备合适的衣服；不是每天早上做好一天的安排，而是每做完一件事再想一下接下来做什么等。

紧迫性。这类事通常是没有缓冲余地的，需要马上处理，比如处理危机：需要马上解决的用户投诉、核心员工突然提出离职、伴侣跟你吵架甚至提分手、突然生病等，再比如完成限时任务：上午10点面试新人、下午2点有客户来访、下午4点开部门会议、晚上8点同学聚会等。

短暂性。做这类事的价值更多体现在当下，而非未来，比如接一个电话、处理微信号解封问题、做一场直播分享、追个热点写稿子等。

问题性。做这类事通常不是为了抓住机会，而是为了解决问题。比如完成一位朋友有关新媒体问题的咨询、给作者改稿、给编辑反馈选题等。

大部分重要且紧急的事会同时满足多个特性。很多人以为，每天多做重要且紧急的事是个好习惯。这是相对而言的，比起做不重要的事的人，做重要且紧急的事的人看起来确实更优秀。但从长远来看，每天做重要且紧急的事并不一定能帮助我们把事业做得更好。处理危机、解决当下的问题、完成限时任务……这些重要且紧急的事会让人感觉筋疲力尽、压力巨大，而且好像越忙工作越多，永远忙不完，让人感觉被困住了，产生"长恨此身非我有"的感觉。每天做这些事，会让人觉得对生活和人生没有主动权和掌控感，觉得自己被牵着鼻子走，不得不做。一个人想要获得持续的成长，需要把更多的时间用来做重要但不紧急的事。

重要但不紧急的事

大部分人的持续平庸都源于重要但不紧急的事做得太少。重要，即不得不做；不紧急，即现在不做也没关系，不会影响当下。作为创业者，我有很多不得不做的事：招募业务合伙人、优秀的作者、社群运营人员；思考半年后、一年后的业务方向，预先规划资源需求；制定更合理的绩效管理制度，定期做员工激励；储备第二年的重点课程，完善课程体系。一个创业者只有把大部分时间花在重要但不紧急的事情上，公司才会长期向好。

但认真看上面的每一件事情，当下不做的话，真的不影响成败：业务合伙人没招到，我先自己处理相关事务；优秀的作者不够，公众号暂时多转载；社群运营人员不够，可以暂时先不运营新的社群；一年后的业务方向来不及想，没事，时间还早；绩效管理制度今天没定，员工一样干着。最终结果就是这些事长期没有得到解决，3个月、6个月、半年后，大部分事情还是没做。

我们来一起定义重要但不紧急的事：战略性的、预防性的、长期性的、机会性的事。

战略性。 正是因为它们不是动作性的而是战略性的，所以不紧急。比如招聘储备人才、设计公司新业务、集中一段时间找出自己职业瓶颈出现的关键原因并制订计划克服等都是战略性的。

预防性。 正是因为它们不是救急性的而是预防性的，所以不紧急，但如果你经常做预防性的事，未来让你救急的事会越来越少，比如培养关键岗位的储备人才，保证任何一个人离职都不影响业务的正常运转；定期跟核心员工谈话了解情况并做反馈，降低人才流失率；正式离职前规划好下一步，做一些预先准备，才不至于离职后陷入处处被动的境地等。

长期性。 很多事当下做不一定马上见效，但持续做具有长期价值，比如建立并维系核心资源、坚持每天学习和复盘、持续健身、增进跟伴侣的感情、经营好家庭等。

机会性。 很多事不是优化存量的事，而是寻找增量甚至变量的事，这些事会给你我的事业和人生带来新的改变，比如以投资的心态拿出可承担风险的资金尝试拓展新业务；走出社交舒适区，刻意认识一些新的值得认识的人；了解行业内出现的新趋势、新玩法；学习拓展新的知识和技能等。

大部分重要但不紧急的事会同时满足多个特性。只有将重要但不紧急的事做好，人生才能持续获得发展。

紧急但不重要的事

不断跳出来的新邮件、短信，可参加可不参加的会议、活动，没有意义的所谓合作，价值极小的上门拜访或被拜访，意义不大的社交活动，工作中无意义的各种琐事，因为"老好人"的性格而无法拒绝的别人的请求等，都是紧急但不重要的事。这些紧急但不重要的事情就是打乱工作节奏的罪魁祸首。针对这类事情，我们可以在某一时间段进行集中处理或委派给专门的人员处理，以此避免一天的工作因为处理这类事情而毫无进展。

不重要且不紧急的事

追热播剧、看综艺、关注娱乐新闻、讨论明星八卦、看网络小说、没有明确目的地逛商场、"刷"淘宝、看短视频、与别人进行无意义的争论、回复别人对你的无关紧要的评价……这些都是不重要且不紧急的事情。做这类事情基本上都是在浪费时间，我们能不做就尽量不做。

你想想，人这一生，是不是每天所有的事情都可以分为这四类。

你这一生如何对待这四类事，其实就是你每一天如何对待这四类事，这就是所谓的"怎样过一天，就怎样过一生"。

我们要经常做的一件事就是分类记录，把每天做的每一件事归类，了解每天的时间在这四类事中的分配比例是怎样的，然后推及每周、每月，最后进行分析和复盘，这样才能不断优化时间分配。

第二节

遵从做事惯性：人为何喜欢做更紧急而非更重要的事

　　每年、每月、每周、每天，我们都要同时面对很多待办事项，但又无法同时做，我们必须做出选择。我们经常希望能先做更重要而非更紧急的事，但现实总是事与愿违，我们总忍不住先做更紧急而非更重要的事。更要命的是：我们知道这样不好，但我们还是会这样做。那应该怎么办？我先不讲做法，先讲心法。我们必须先明白人为何倾向于做更紧急而非更重要的事。

人倾向于做可执行性更强的事

　　可执行性更强是什么意思？

　　简单的事比困难的事的可执行性强。

　　具体的事比抽象的事的可执行性强。

　　A 事项：周一要去面试，周末我要去商场买一套合适的衣服。

B 事项：学一下穿搭管理，衣柜里准备好常用的套装。

A 事项：下午 2 点有个应聘者要来面试编辑岗位，我要提前琢磨一下面试方法，并且列出一些专业问题和通用问题。

B 事项：找时间把公司三个核心岗位的面试流程和方法确定下来，同时在这个阶段该招一名人事了。

A 事项比 B 事项更简单、更具体，执行性更强。因此，我们不断在做 A 类事项，逃避 B 类事项，也正因如此，我们会在将来遇见更多 A 类事项，且每次依然紧急且处理效率低。

人喜欢确定性，厌恶不确定性

职场中很多人天天说着要离职，结果月月满勤。我有个朋友很想辞去现在的工作，但始终没敢迈出那一步，因为在职具有确定性，离职具有不确定性。我们天生喜欢前者，厌恶后者。

这种喜好在做事上也体现得淋漓尽致。

我们喜欢已完成的，厌恶未完成的。

我们喜欢即时反馈的，厌恶当下无反馈的。

A 事项：写一篇稿子、拜访一个客户、参加一个会议、处理一封邮件、回复用户咨询……

B 事项：找到自己未来三年的写作定位、梳理自己的社交网络并做分析、整理常见的用户问题及通用回复……

对于 A 事项，这些每日做事清单上的事让我们很有快感，因为执行完我们就会在清单上画个钩，一天下来会画很多钩，这让我们感到心满意足。

对于 B 事项，我们不会很快完成，有的需要三天，有的需要一周，经常做这类事就容易产生一种挫败感：我忙了一天，好像什么也没做成。

对于 A 事项，你能很快做完，又能很快收到反馈，如用户夸你负责，领导说你执行力强，同事羡慕你高效，这些都是看得见的。

对于 B 事项，其回报发生在未来，在得到结果之前，你面临的是无人赞美甚至无人知晓的境况，而且需要承担未来也不一定有回报的风险。

已完成与即时反馈的事项都是有确定性的；未完成与当下无反馈的事项，充满了不确定性。

人倾向于做摆脱风险的事，而非增强安全性的事

假如此刻有一把枪指着你的头：

A 选项：扣动扳机，没子弹你将获得百万奖金；

B 选项：赶紧把枪拿开，保命要紧。

你会怎么选呢？哪怕没子弹的概率是 90%，你也可能选 B。

获得奖金是增强安全性的事，即使没有奖金，我们也是安全的；

把枪拿开是摆脱风险的事，扣动扳机有可能让我们死亡。我们的第一任务是保命，这是合情合理的。人类也是因为求生的本能得以延续到了现在。投射到我们的做事方式上，我们会优先处理摆脱风险的事，而非增强安全性的事。

　　A 事项：需要马上解决的用户投诉、核心员工提出离职、伴侣跟你吵架甚至提分手、突然生病、上午 10 点面试应聘者、下午 2 点有客户来访、下午 4 点开部门会议……

　　B 事项：设计公司新业务、培养关键岗位的储备人才、制订职业发展备选计划、定期做身体检查等。

　　B 事项都是增强安全性的事，但我们会不得不先做 A 事项，因为它们要么本身是风险，要么不做就会面临风险。

　　以上三点让我们从心法上基本理解了我们一些行为的原因——它们是符合人性的。这很重要，时间管理的前提是不能违背人性。但是，这确实也告诉我们一个扎心的真相：我们将来可能也很难做到每天优先处理更重要而非更紧急的事，因为这是违背人性的。

　　那该怎么办呢？我们的解决措施不是违背人性，而是顺应人性，即将重要但不紧急的事转化为重要且紧急的事。

第三节

学会事件转化：如何坚定地做重要但不紧急的事

　　人和人的差距，很多时候不取决于不同的想法，而取决于不同的执行力。但如果我们的执行力多用在重要且紧急的事上，可能只能做到优秀，如果想要从优秀跨越到卓越，就要把更多的执行力用在重要但不紧急的事上。

　　如何坚定地做重要但不紧急的事？真正重要的事，我们常常没有去做，也都没有影响大局，可每当我们进行阶段性复盘时，都能意识到：啊，三个月前、一年前我就该着手做这件事，否则不会是今天的局面。

　　每当这时候，我们都会重新把对重要但不紧急的事的重视程度提升到新的高度，我们可能会深入地反思，并发誓在接下来的半年里一定会不断去做这件事。但是，这种下定决心的事我们可不止做了一两次，又有几次真正完成了呢？所以做这件事的关键，不在于下决心。

　　前文提到了，我们将来也很难做到每天优先处理更重要而非更紧急的事，因为这是违背人性的。所以解决此问题的核心要点，并不是一次一次地下决心，而是找到突破点，即顺应人性：将重要但不紧急的事转化为重要且紧急的事。

转化时整体要遵循以下原则。

原则一：将弹性的转化为限时的。

原则二：将长期的转化为短期的。

原则三：将抽象的转化为具体的。

将重要但不紧急的事转化为重要且紧急的事，本质上就是让不紧急的变成紧急的，把难执行的变成好执行的。

第一步：给重要但不紧急的事设定一个具体的、限时的目标

各个方面的重要但不紧急的事都很多。以职场为例，职业选择对我们人生的影响非常大，但我们可能面临选择的公司不合适、选择的职业不擅长、选择的行业不景气等问题，我们都需要调整职业规划，重新进行选择。这也许在很多人看来是件重要但不紧急的事。但正是因为不紧急，大多数人在这件事上一拖再拖，直到把自己彻底困住，或者浪费很多的时间。

为什么这件事做起来难度如此之大？因为它没有一个具体的、限时的目标。比如，有人说："这个公司发展前景不好，我以后肯定得换工作。"

第一，不具体。你是要转行还是只是换公司？你想进入大公司还是创业公司？

第二，不限时。"以后"是什么时候？两年后、一年后，还是半年后？

不具体的目标算不上目标，不具体就无法执行。一个没有限定时间的目标也不算目标，它的实现必然会一拖再拖。

我的朋友在一家互联网公司做到了中层管理者的位置，他在这家公司已经奋斗了超过五年，这两年他一直想自己创业。我对他的能力比较了解，他创业成功的概率是很高的，即使是以超级个体式开始，也没问题，其收入也不会比现在差。退一万步讲，即使创业失败，他也可以再去找工作。

这些他自己也明白，但他一直没有辞职创业。这件事对他来说就是一件重要但不紧急的事。他问我有何建议，我给出的核心建议就是：先设定一个具体的、限时的目标，比如"我要在 2022 年 12 月 31 日前办完离职手续"。

时间是确定的，动作是具体的，这件事一下子就有了执行性。接下来，他可以拿出一定的时间，比如用两周去规划这件事的具体操作，倒推出现在该做什么、一个月内要完成什么、三个月内要完成什么，这样到时限前就能把这件重要但不紧急的事做完。

找工作、学习新技能、打造知识体系、打造新业务、开发新产品、招聘新员工、培训团队、锻炼身体……对于这些重要但不紧急的事，你只有给它设定一个具体的、限时的目标，它才有完成的可能性。

第二步：拆分目标实现流程，列出具体的任务清单

只有具体的、限时的目标还不够，既然它是重要但不紧急的事，那它可能有一定难度，对应的目标一般也不小，完成的周期一般也不短。这就导致大部分人面对重要但不紧急的事时都是迷茫的，不知道当下应该做什么，因此我们还要继续提高可执行性：拆分目标并列出具体的任务清单。

我运营着两个公众号——"粥左罗"和"粥左罗的好奇心"。前者是主号，由我和一个运营团队一起运营，我们承担着"服务读者＋业务变现"的任务，一直在有条不紊地持续运营；后者是我在2019年10月开始运营的，现在有22万粉丝了，但是没有运营团队，我偶尔写篇原创稿在上面更新，我有课程要发布时也会通过它宣传。

2020年5月，我觉得这个公众号不好好运营起来太可惜了，22万粉丝已经不少了，而且都是高质量粉丝。但是5月、6月、7月过去了，8月也马上要过去了，我还是没有开始具体的行动。

这也是一件重要但不紧急的事，不运营它，公司也能正常发展，业务也能照常推进，但如果运营好了，就可以增加一部分广告收入，公众号矩阵的发展也会多一份保障。同时，这个公众号的调性更好，可以提高我们的品牌知名度。2020年8月22日，我在当天日程表的重要但不紧急一栏里写下："2020年10月8日，'粥左罗的好奇心'

正式重启运营，推送第一篇文章。"

一个具体的、限时的目标有了，但只有这个还不够。我开始拆分目标，完成这件事我需要做好以下这些事。

9 月 1 日前思考并确定账号的运营目标，包括账号定位、调性等。

9 月 6 日前制订一个基本内容计划，涉及内容方向、内容来源、推送频率等方面。

9 月 10 日前重新梳理一遍账号的基本设置，确定头像、名字、简介、自动回复、菜单栏等。

9 月 14 日前确定一个文章排版模板。

9 月 15 日前配置 1 ~ 2 名运营人员，制定绩效管理制度。

9 月 20 日前准备好至少 50 篇转载文章。

9 月 30 日前确定好前 10 篇推送文章。

目标越大、越复杂，我们越要花时间拆解它，同时要设置相对有弹性的完成时间，这样才能保证最终的完成效果。通过梳理小目标，可执行性大幅度增强了，我清晰地知道了分别需要做什么、大概的时间节点，更重要的是清楚了当下要做什么，这样开始做就容易多了。

第三步：拆解任务，列出具体的待办清单

继续增强目标的可执行性，将任务分解成动作。什么是任务？9 月 15 日前配置 1 ~ 2 名运营人员，这是个任务。但它还没有被分

解成动作，动作就是每日工作清单上那个不用再进一步规划就可以去完成的事。

拆解这个任务后，你可能会在每日工作清单上做如下记录。

9 月 12 日上午 10 ~ 12 点：分别跟 3 位运营同事沟通，说明任务，了解意愿等。

9 月 13 日下午 5 ~ 6 点：综合考虑，确定 1 ~ 2 名运营人员。

9 月 14 日上午 10 ~ 12 点：跟确定好的运营人员开会，再次宣讲任务，并讨论一些具体问题，然后安排一周内的工作。

上述内容有确定的时间，是具体的、可执行的。

看到这里，你可能会突然意识到任务和动作的区别所在。一个是不具体的、不限时的、有难度的、长周期的重要但不紧急的事；而另一个是一个周期内每天都要做一点的重要且紧急的事，它们很重要，必须要完成，它们很紧急，必须按时完成。

这里还有个执行细节，我们一开始并不需要把每个阶段的任务都拆解成动作。我们要先从整体上分析这些任务，预估每个任务的起始时间，然后拆解最近要做的一两个任务就可以了，剩下的任务临近起始时间时再拆解。这也是为了降低执行难度，否则拆解任务就需要很长时间，执行的积极性可能会降低。

第四步：定期复盘、调整、激励，确保目标最终按时完成

前面我们讲过，对于重要但不紧急的事虽然设定了具体的、限时的目标，但一般完成周期相对较长，难度较大，而且我们在第二步列出的只是一个具有弹性时间的任务清单，需要通过不断拆解任务推进执行，所以在这个过程中，一定还会出现现实和理想的差距，不会总是那么顺利，不会总能严格按要求完成。所以，为了获得最终的胜利，我们需要在这个过程中不断复盘。

复盘应该是每周、每月都要做的，主要内容如下。

过去一周、一月目标的完成情况；

判断接下来是否能继续推进；

目标是否需要调整；

难度是否需要调整；

起止时间是否需要调整。

同时，我们要不断激励自己。当阶段性地完成一些重要任务时，可以有仪式感地奖励自己，比如送自己一个一直想要的礼物、吃一顿喜欢的美食、去喜欢的地方休息一下等。

利用四步法，可以有效地将重要但不紧急的事转化成重要且紧急的事，让事情得到更好的解决和执行。

第四节

学会留白：如何合理减少重要且紧急的事

为何要减少重要且紧急的事？第一，留出更多时间，规划从长期来说更重要的事。第二，所有事情都很重要也是不合理的。没有弹性就没有机动性、创造性和更多的可能性。

不断合理减少重要且紧急的事，可以锻炼我们的选择能力和优先级排序能力，让我们持续思考什么事更重要和什么事没那么重要，我们会因此变得更强大，生活幸福感和人生掌控感也会随之增强。

重要且紧急的事一旦进入我们的每日做事清单，就意味着必须要执行。合理减少这类事的方法，并不是每天看看清单上有哪些事情可以删除，而是要直接阻止它们中的一部分被写进清单。

学会拒绝

最理想、最有价值的重要且紧急的事应该是由重要但不紧急的事逐步转换而来的。比如我正在准备一门课程，本来它是重要但不紧急的事，但我为它制定了具体的、限时的目标并进行了拆解，最终我需要每天 6 点起床并至少花两个小时准备课程。但现实是，大部分重要且紧急的事都是临时出现的，比如领导分派的任务、同事请你帮忙、客户有问题要解决、朋友邀请你参加活动等。

其中有一些是你无法拒绝的，比如领导合理地给你分配任务。但也有很多事，只要你学会拒绝，就可以省下很多时间。比如，我做新媒体编辑时，比较擅长写"爆文"，所以公司的会展部、广告部会找我帮忙写活动软文、广告软文。一开始我都答应了，但后来发现这些事变成了常态，我就明确了界限。如果我答应了，它就会变成一个重要且紧急的事；如果我拒绝了，这件事对我来说就是不重要且不紧急的事。

其实这样的事很多，比如朋友、同事组饭局或者其他形式的聚会。你可以先认真思考一下，这个聚会必须要去吗？不去的话，后果是什么？当朋友、同行、同事请你帮忙做事时，先认真思考一下，我必须做吗？不做的后果是什么？

我们一定要学会合理拒绝，明确界限，不要让没有意义的事情随便占用自己的时间。重要且紧急的事往往会打乱你的工作节奏，甚至会引发连锁反应，导致你连续多天的行动清单都受影响。

学会授权

其实，有很多事虽然重要且紧急，但并不是必须由你来做。社会有分工，职场有协作，团队有配合。身处于团队中，我们不能只擅长自己"带球突破"，而要眼观六路，积极"传球"。"传球"，从某种意义上来说就是授权。

我刚创业时总是一个人单打独斗，自己写原创文章、排版、运营账号、选择转载文章、运营付费会员群等，一个人当几个人用。后来我组建了公司，依然喜欢凡事亲力亲为，连分类打包发快递都要自己做。

习惯没那么容易改变，这样持续了一段时间后，有一天，我发现自己实在是太忙了，就开始研究一些时间管理方法，然后找了一张纸，在上面写下："巴菲特都比你有时间。"我将它贴在墙上，时刻提醒自己。

授权是我这两年一直刻意练习的，我终于把给学员寄奖品这件事交出去了，把选择公众号转载文章的事交出去了，把公众号运营的事也交出去了，最后我把一些写作项目的素材搜集、整理工作也交出去了。现在同事问我一些事情，我终于可以放心地回一句："你可以自己决定。"

学会授权后，我有了很多时间。2020 年 6 月 16 日，我开始了我的摩托车旅行，从北京沿海南下，一直骑到广西柳州，用时两个月。在这两个月里，我每天至少有一半的时间是不工作的，这在以前无法想象。我还要继续刻意练习授权，因为我发现很多事都可以授权。

我们每一期写作训练营的最后都有一个比稿大赛，每个学员写一篇长文，最终选出前 8 名给予奖励。起初是助教老师和点评嘉宾投票选出 15 ~ 20 篇文章给我，我再从中选出前 8 名，并按名次排序。比稿大赛的评选非常重要，并且一般都是备选文章上午才给我，下午就要出结果，每次都非常紧急。而精读 15 ~ 20 篇文章并对其排名，至少要花费四五个小时，所以这是一件重要、紧急且耗时的事。基本上每期结营那天的一整个下午，我都被绑在这件事上，无法处理其他工作。

我深刻地反省自己，认为自己本质上还是不敢放权，再往后推就是过于相信自己，不够信任助教老师和点评嘉宾。所以，第 14 期训练营结营时，我把这个工作交给班主任和助教老师来做。

班主任问我为什么要改变形式，我说："我选择相信所有老师的投票结果，这样应该比以我个人的喜好来判断更准确，以后都按老师们的投票确定名次并颁奖吧。"这样一个授权动作就是在积极"传球"，给助教老师和点评嘉宾更多本该属于他们的责任和权利。就这样，写作训练营从 14 期到现在的 24 期，比稿大赛一样很顺利，甚至要比之前好得多。

不管是在工作中还是在生活中，我们都要多看看在重要且紧急的事中，哪些是可以授权给别人的。切记，**授权并不是推脱责任、逃避工作，更多时候我们可以通过授权实现多赢：别人得到更多锻炼机会，你也节省下更多时间，团队协作实现整体效率最优。**

学会放弃

时间管理也是管理，管理的核心永远离不开一个词：放弃。我们想做的事太多，不断地拆解任务，直到把每日做事清单列得满满的，并且都是重要且紧急的事。然后每天像个机器一样运转，还经常被一些突然发生的事打乱节奏。而且常常由于做事清单的弹性差，牵一发而动全身，一天的节奏被打乱，后面每天的每日做事清单都会受影响。所以，我们必须学会放弃，让每日做事清单有弹性，每天都预留一些空白时间。

第一种是预先放弃，这最需要智慧。预先放弃就是压根不让事情进入每日做事清单，其效果跟学会拒绝一样，不过它更需要智慧，因为要放弃的东西通常是很诱人的。在《学会写作》出版时，出版社希望我能够多参与一些线下签售演讲活动。我去了厦门十点书店，去了吴晓波读书会济南站，去了樊登读书会北京分会，每一场活动都组织得很好，现场氛围也很好，跟大家的交流也很愉快，这对增强我个人的影响力很有好处。但后面我很快放弃了继续参加类似的活动，因为每参加一次这样的活动，就会出现以下一连串的重要且紧急的事，举例如下。

3 月 5 日，根据主办方需求确定分享主题和大纲。

3 月 10 日，提交现场分享 PPT。

3 月 14 日，抵达相应城市。

3月15日，提前到现场做测试，正式进行现场分享与签售等。

3月15日，晚上飞回北京。

在这个过程中还会花费一些零碎的时间，比如前期沟通、确认海报、修改PPT、订机票酒店等事花费的时间。发布新书、做签售演讲，这些事情很有价值。放弃这些事情的前提是明确自己的长期规划，知道自己有更重要的事要做。

第二种是临时放弃，保全局，这需要勇气。临时放弃就是事情已经出现在你的每日做事清单中了，重要且紧急，但你整体的执行遇到了困难，你需要通过放弃它来保全局。

开始准备"时间管理"课程是在2020年8月下旬，那时我每天还要有条不紊地推进每日做事清单上的事情。但在8月24日，我由于操作不当，导致我的摩托车排气管着火，防冻液爆了，我的腿和脚发生严重烫伤，需要治疗一个多月，前期需要住院两周。

当天晚上我意识到接下来我的工作时间会减少很多，工作效率也会降低，这会导致我的很多计划被打乱。我的计划已经列到了10月中旬，牵一发而动全身。

怎么办？这时候要学会放弃。我发现日程表显示9月5～7日我要参加一个商学院的线下课程。我决定如果在9月3日之前，我不能顺利调整好计划，我就放弃参加这三天的线下课程，这样省出来的时间足够我把前面未完成的计划补完。但放弃这样的事需要勇气，一是课程质量很高，二是课程费就打水漂了。不过放弃它，可以保全局，也是值得的。由于突发事件的发生打乱整个做事清单的推进的情况，其实经常发生，通过放弃一些事保证整体计划的顺利推进是一种很好的方法。那么，具体要放弃哪些事呢?

放弃相对独立的事情，而非会对其他事情造成影响的事。

放弃关乎自己利益的事，而非关乎公司、朋友、合作伙伴利益的事。

放弃相对耗时的事情，而非短时间内可以完成的事。

第五节

阻断无意义：如何大量减少不重要且不紧急的事

王尔德说，很多人觉得自己活在世上，实际上只是在世上，并没有怎么活。如果把过去一年每天的时间花费记录一下，分析完就会发现，我们可能把很大一部分时间花在了没有意义的事上。

2020 年 8 月，我深感自己的作息习惯对健康和工作构成了越来越大的威胁。我决心改变，于是制订了一个计划：每天 6 点起床，写作 2 小时。10 天后复盘时发现，我几乎没有一天将该计划执行到位。因为如果 6 点起床，我得晚上 11 点前睡觉，而我每天要做的事太多，大多都要到凌晨 1 点才能休息，那自然做不到 6 点起床。

所以，后来我每天都在做的一件事就是不断"做减法"。我们每个人每天会做很多紧急但不重要的事和不重要且不紧急的事，如果有些事不做也没关系，那就坚决不做。如果你能大量减少每天的不重要且不紧急的事，你的时间将变得充裕，你的生活和工作很快就会发生积极的改变。

但不做不重要且不紧急的事实在太难了，因为很多不重要且不紧急的事易做，不费脑子，还常常能让你开心。那怎么办呢？我们不能直接解决，要间接阻断。

一级阻断：减少做不重要且不紧急的事的现实条件

很多事你想做，也很容易做，你可能就会随手做，那我们可不可以把它们变得不容易做？我们经常随手"刷"朋友圈和各种社交应用，经常在工作间隙或者吃午饭、睡前等时间段看综艺、追剧，都是因为这些事太容易做了。

大部分人的手机里都装了五六十个甚至上百个 App。我们可以认真筛选一遍，哪些是真正有意义的，哪些是在浪费时间的。当你卸载浪费时间的 App 时，你会发现，卸载掉它们，人生真的不会因此错过什么。如果你控制不住自己打游戏的时间和频率，更要卸载游戏类 App。毕竟游戏设计的一大底层逻辑就是让玩家上瘾，一个不能让你上瘾的游戏，你是不会喜欢的。

有些 App 我们常用，不能卸载，但是也一定要记得，它是工具，你是主人，是你要用它的时候去找它，而不是让它每天找你。这是什么意思呢？比如一些 App 经常会推送通知，许多人收到通知时，都会忍不住点进去看一眼，这样无形中就浪费了一些时间。所以现在打开你的手机设置，把不重要的 App 的推送通知关闭，你并不会因此错过什么。

很多人提到财富就想到钱，大家也都喜欢说"智商税"。如果我们能明白，时间是财富里更重要的品类，就不难发现比"智商税"更高的，是"时间税"。如果我们不珍视自己的时间，那注定是要交"时间税"的，尤其是在新媒体时代，各大 App 锚定的都是我们的时间，想吸引我们的注意力。我们通过这些 App，不断地消耗自己的时间和精力。现在各类手机 App 已经成为现代人的"第一时间杀手"。

减少现实条件这个阻断方法可以用在很多事情上，比如想减肥就不买零食放在办公室和家里，想戒掉游戏就不买游戏机，而不是买了之后克制地玩。检查一下自己过去的时间花费记录，看看哪些事情可以通过减少现实条件来阻断。

二级阻断：有清晰的每日做事清单，从执行上阻断

你有没有一个每日做事清单，上面列满了当天你要做的事，而且大部分都标明了时间节点？我有，所以我很难去做不重要且不紧急的事。

我每天醒来就开始按照每日做事清单做事，做完一件就划掉，继续做下一件，所以我无法随心所欲地"逛"淘宝和"刷"视频。每日做事清单对我有很强的束缚作用，一旦我不按时完成，就会触发连锁反应。因此，那些不重要且不紧急的事很容易在执行上被阻断。

很多人之所以常常做这些事，是因为真的有时间。当我们有清晰的每日做事清单后，会在无形中提高做事的门槛，当你想做这些事时，你会马上打开你的每日做事清单看，然后问自己：这件事重要吗？我有时间做吗？这样就阻断了很多不重要且不紧急的事。如果你还没有养成列每日做事清单的习惯，那要抓紧培养了。

三级阻断：每个阶段都有明确的目标，从战略上阻断

从战略上阻断是更高级的阻断方式。一个没有目标的人，不知道自己想要什么的人，就会极其容易陷入"不重要且不紧急的事"的泥潭，虽然每天看起来很忙碌，却是碌碌无为。那些目标明确且具体的人知道目标对自己来说意味着什么，知道完成目标给自己带来的价值、意义和回报，他们清楚地知道当下应该做什么、不应该做什么。最终面对那些不重要且不紧急的事时，他们不用克制自己，因为那些事对他们来说毫无吸引力。他们不屑于做那些事，他们满脑子想的都是做最重要的事，实现目标。

我在练习新媒体写作的初期就制定了清晰的目标——我要成为科技创投领域最好的热点"爆文"写手。有了清晰的目标后，看综艺、看电影、逛街、参加饭局和聚会这些事，对我就不再具有吸引力了。我在周末可以拒绝很多事情，只关注科技创投领域发生的新闻大事，并持续思考：哪一个值得写，哪一个有机会写成"爆款"。

此刻的我也有一个很明确的目标，就是写一本很实用的关于时

间管理的书，以帮助更多人解决这个人生难题。所以我每天早上 6 点多起床，做的第一件事就是写作，每天如此，一直到我写完的那天。我把早上最好的时间，留给了我这个阶段最想做成的事。

所以，一定要学会给自己定目标。知道自己想要什么，知道自己一定要什么，然后制订计划，并付诸行动，不给不重要且不紧急的事留时间。

我建议每个人将这三种阻断方法同时使用。虽然"道"有用，但人毕竟也有动物性，不可能时刻做到绝对自律；虽然"术"有用，但人最终不是为了做而做，否则时间久了就不知道为何而做。所以，"术道结合"，方能无懈可击。

第六节

做时间智者：如何管理不属于自己的时间

我们都明白，其实很多时间不是完全属于自己的。但公平的是，我们也可以使用别人的时间。接下来我们一起学习如何管理不属于自己的时间以及如何管理别人的时间。这些内容主要聚焦于职场情景，当然也适用于其他场景。

如何管理不属于自己的时间

我们分别从员工和管理者两种身份来分析。

员工如何管理不属于自己的时间？

我们很多人在职场中的角色是普通员工，那就意味着每个工作日我们至少要工作 8 小时。在这个过程中，我们怎么管理这些时间？

第一，认真评估任务，安排适当的时间和工作量。作为员工，我们在职场中的大部分时间里都在为公司完成工作任务、达成目标。

当我们接到一个任务时，一定要通过认真考虑其工作量和难度，来确定完成时间。

很多人在职场中之所以无法按时完成任务，就是因为事前没有认真做好评估。明明一项工作在领导提议的时间内完成有很大难度，但是不经过正确评估就一口答应，导致最后无法按时保质保量地完成任务。

这里需要注意一点，上文提到的认真评估不是指要拒绝这个任务，而是指如果你在执行任务的过程中，如果遇到了困难或者发觉大概率不能按时保质保量地完成，一定要与领导提前沟通，千万不要等到该提交成果的时候，才说自己没做完。

第二，把不需要马上做的事情存入每日做事清单进行统一安排。在职场上，领导是不太可能配合下属工作的。换句话说，领导不会根据员工的时间来安排自己的工作。但是我们自己要知道，这些事情并不都是需要马上完成的。我们要从自己的角度考虑，如果每次领导一安排工作你就马上去做，就会不停地打断自己正在做的事情。

接到任务时，首先要确定好截止时间，对于不需要马上完成的事情，先存入待办清单，再统一进行安排。

第三，合理拒绝同事的求助。员工稍微多一点的公司，跨部门的协作就会比较多，很容易出现同事之间互相求助的情况。但有些人一遇到问题就喜欢找别人帮忙，甚至明明他有时间、有能力完成，还是习惯把工作推给其他人。遇到这种人，我们要学会用委婉或直接的方式合理拒绝，避免浪费自己太多时间。

第四，积极主动沟通任务进度，必要时可以求助。在职场中一定要学会主动汇报。当你执行一个任务，尤其是周期比较长的任务，如果在这个过程中你没有及时汇报，领导就不知道你完成多少了，有没有什么困难，完成的质量怎么样。领导什么都不知道，就无法从宏观的角度把控项目。我们要主动汇报、主动沟通，让领导清楚地知道项目的工作进度。

这里要强调一个词——主动。一方面，不同的领导风格不一样，有的领导不喜欢主动去问，但并不代表他不需要知道，你主动向他汇报，他可能也会认为你汇报的事很重要；另一方面，绝大多数时候领导都很忙，他要跟进的项目比较多，有时候会顾不上去问进度。基于这两点原因，主动沟通很重要。

另外，在自己遇到困难、瓶颈，甚至可能无法按时完成任务的时候，一定要求助，并且提前说明情况。

职场中很多人在不能按时完成工作的时候，总喜欢拖到最后才说。这样就很容易耽误事，还可能会给领导留下不靠谱的印象。你没有提前沟通，领导就预期你能按时完成，结果到了提交时间，你完成不了，那很可能就会影响接下来的工作进度。如果你提前跟领导沟通，向领导求助，结果可能就不一样了。或许求助后领导有办法帮你解决，比如增加人力帮你按时完成或者帮你协调一个新的提交时间等。

这里再补充一点，很多人不愿意主动沟通，可能是因为怕给别人添麻烦。但是实际上，你到最后说才是给别人添麻烦。如果提前沟通，就还有补救的机会。

第五，一定要学会建立自己的工作流程。我们每个人在职场中做的事情，通常有很大一部分是重复性工作。在这种情况下，为了提高效率，我们要学会不断地梳理自己的工作，建立工作流程，并且不断优化这个流程。

流程就是用来提高效率的。我们如果清楚地知道做一件事情有哪些步骤、每一步怎么做、有哪些更好的做法以及前后如何衔接等，就会做得更快。

第六，用较少的时间完成简单重复的工作，用更多的时间做关键的事情。这是我们在时间管理上的一个战略性问题。每一个员工在自己的工作岗位上都会做很多简单重复的工作。为这种工作投入较多时间则性价比不高，因为它往往不能让我们成长，所以花更少时间和花更多时间做完这些工作，结果其实是差不多的。

我们要学会区分一项工作是不是关键节点、关键事件或者影响成败的核心工作等。如果不是，只是简单重复的工作，就要以较少的时间做完，留下更多时间来抓主要矛盾、解决核心问题。不能平均利用时间，要有主次之分，我们要把大多数时间和精力用在更重要的事情上。

管理者如何管理不属于自己的时间？

如果你是管理者，那你的时间可以完全属于自己吗？答案是不可以。

你的同事需要你，你的下级需要你，其他部门的人也需要你，所以管理者同样需要管理不属于自己的时间。但是一般来说，管理者在这方面比普通员工更有优势。

第一，尽可能做再分配，而非亲自执行。假设你所在的公司有销售部门、运营部门、设计部门等，可能每个部门都会有一些事情需要你的协助，在这种情况下很多管理者会忍不住亲自去做，因为自己擅长并且也有时间去做，所以就变成了任何事情都由管理者亲力亲为。

但是作为管理者，你应该更好地利用不属于自己的时间，把一项工作进行再分配，尽可能地避免亲自执行。

第二，固定"出售"自己的时间。假设你是一个老板，那么肯定有很多人需要你的时间。比如雷军，各个部门肯定有很多文件需要他签字，有很多决策需要他同意。越多人需要你的时间，你越要学会固定"出售"自己的时间。

比如，你可以要求公司所有人都这样做：如果需要找你讨论或者汇报工作，统一安排在每天上午的 10 ~ 12 点，除非有特别紧急的事情，否则在其他时间不要找你。这样大家就会各自安排好自己的时间，如果要找你，无论是提前预约还是临时有事，大多会集中在这个时间范围内。

这样你就尽可能地把自己的时间完整化了。如果不这样做，可能你的一天会被切割得支离破碎，完全没有整段的时间可以利用。而作为管理者，你往往需要大量整段的时间去思考战略性和规划性问题。

所以，管理者一定要学会固定"出售"自己的时间，给自己留出整段的时间。

如何管理别人的时间

我们还是分别从员工和管理者两个角度来讲。

员工如何管理别人的时间？

即便是员工，我们也要学会管理别人的时间，这个"别人"可能是其他同事，也可能是领导。

第一，提前预约。在职场中有一种行为不受大家喜欢——即时找别人协助。这是什么意思？例如，你5点找一位同事让他协助你做某件事，并要求这位同事5点马上开始做这件事。这种行为之所以被讨厌，是因为你打乱了其他同事的工作节奏。所以，无论是对你的上级还是同事，找别人协助都要提前预约，这是对别人的尊重。

第二，预约时明确告知占用时长。这样能让别人更好地规划时间。比如你想跟同事预约明天上午进行讨论，可以在前一天跟对方沟通："我明天上午10点想跟你讨论关于某件事情的某个问题，大概需要20～30分钟。"这样既提前预约了，又给了对方确定的信息。在大多数情况下对方都会给你留出这段时间，然后更好地安排其他时间。

如果没有明确告知占用时长，可能会出现的情况是：你有比较复杂的事情，需要占用别人很多时间，但因为你没有提前告知，别人只给你留了10分钟的时间；或者本来是一件很简单的事，只需要10分钟就能搞定，但是别人给你留了1小时的时间。无论是哪种情况，其实你都耽误了别人的时间。

第三，学会积极争取别人的时间。在职场中，我们每一个人都不是在独立完成任务，很多时候我们负责的只是某个任务的其中一环，在完成任务的过程中，我们需要别人的配合和支持。在这种情况下，需要你积极争取别人的时间。

一定要学会积极争取别人的时间。在职场里不善于沟通、不善于争取的人比较吃亏。因为领导的时间有限，但是需要他们帮助的人很多，你不去积极争取，他们很有可能会忽略你。同样地，如果你的一项工作需要某个同事协助，你不去努力争取，他可能只会协助他人。

假设你的公司里有一个设计师，各个部门的人都需要找这个设计师设计图片，如果你有需要但又不积极争取，可能他每次都会优先处理积极争取的人的事情，你的工作很可能无法及时推进。

管理别人的时间，需要你在职场中积极主动。

管理者如何管理别人的时间？

管理者管理别人的时间，主要是为了更好地完成任务、达成目标。

第一，合理评估目标任务，制定推进时间表。如果你是一个公司的主管，负责一个项目，那你要做的第一件事，就是合理评估目标任务，制定推进时间表。假设这个项目需要一个月的时间，那么你要确定执行周期，如具体从哪一天开始，到哪一天结束，在哪个节点需要做到什么程度等，这样就可以帮助你从整体上把控整个项目的进度。

第二，统一讲解任务，分配任务落实到人。首先，一定要统一讲解，不要分别进行。因为项目需要大家协作完成。实际执行的时候，很多时候在某个节点上，需要第一个人做完，第二个人才能跟上，或者需要几个人共同配合，一起完成。

其次，统一讲解的过程也是分配任务的过程，这时候管理者切记一定要落实到人，尤其是在项目涉及的人比较多的时候。不同的人负责不同的事情，如果没有落实到人，那么最后可能出现的情况就是：每个人都不觉得自己应该对这部分工作负责。

第三，确认任务和时间，达成共识。当你把推进时间表做好了，并且进行了统一讲解，分配了任务并落实到人了，这时候你一定要确保每个人都对自己的任务和时间安排非常明确，并且认同这个安排，也就是大家达成了共识。如果有需要调整的地方，可以大家一起商量着调整。

第四，把控进度，保证任务按时完成。实际上管理者才是任务的最终负责人。假设你是这个项目的负责人，项目如果做得不好，责任肯定在你。如果你汇报的时候，总说是下属没做好，那就会让人认为是你没有管理好员工，没有做好管理和把控工作。

作为管理者，一定要时常检查进度，保证任务按时完成，这就需要做到以下两点。

第一，要按时接收汇报。在分配任务、达成共识这个阶段，你要告知执行任务的人，需要在哪些时间节点向你汇报。到了约定的时间节点，你要按时接收汇报，如果对方没有来找你，你就要去找他。

第二，要及时主动了解情况。你要时不时地问一下进展、有没有遇到困难、需不需要帮助等，可对应地进行提醒、督促、指导、增加人力和资源等，这样才能更好地推进项目。

好的管理者应该协助下属按时保质保量地完成任务，而不是眼睁睁地看着下属完不成任务后再去批评他。

第五章

计划执行：
坚决践行，过可控人生

第一节

做计划：没有计划清单，就没有时间管理

有一天，两位出版社的老师和我聊这本书的出版建议。其中一位老师说："你这本书看起来不太像传统的阐述时间管理的书。我们认知中的时间管理书，是讲番茄工作法、早睡早起的方法的书。"我说："这其实正是我写这本书的原因，许多时间管理书都只讲微观或者短周期的时间管理，比如怎么集中注意力，怎么早睡早起，怎么合理分配今天的时间。如果只是做到这些，人生好像也不会有太大的变化。"

从长周期调控进入短周期践行

时间管理首先应该从宏观的或者长周期的时间管理来讲，比如用 1 ~ 3 年循序渐进地改变现状，让人生拥有更多的可能。

因此，我们首先应该解决长周期的时间管理问题，其次再解决微观的或短周期的时间管理问题。在本章，我们将学习如何坚决执

行计划，以天为单位落实计划，最终过可控的人生。我们要通过掌控每一天，让时间管理从长周期调控进入短周期践行。当然，无论是长周期调控还是短周期践行，都需要在不同的阶段不断调整、优化，而非一个策略贯穿始终。

没有计划清单，就没有时间管理

众所周知，时间管理的前提是明确目标。计划清单是为目标服务的，是从目标倒推出来的。时间的流动方向比时间的流逝速度更能决定人生，而目标决定了时间的流动方向。这是宏观的、长周期的时间管理。

那么，在微观的、短周期的时间管理上，如何才能确保时间的流动方向可控呢？答案就是规划一条具体的时间流逝路径。假设有十个人站在泰山脚下，他们的目标是相同的，都是在四小时后登顶。他们虽然同样是在泰山脚下，但可能所处位置不同，分布在东西南北各处；可能身体条件不同，有人是壮年，有人是少年；可能掌握的信息不同，有人只知道一条路线，有人知道五条路线，还有人暂时不知道路线；可能预估完成目标所用时间不同，有人认为 2 小时后再出发也来得及，有人认为马上出发都有可能来不及。

我用了一个具体的例子说明了，就算几个人的目标相同，时间箭头指向的方向相同，时间流逝路径也未必相同，因为实现目标的主体——人是不同的，每个人都是独一无二的。制作计划清单就相当于规划一条实现目标的具体路径，这样能更可控地管理时间的流动方向。在这种情况下，对于任何一个目标，你都需要了解每月、每周甚至每天要做什么，以及每一个时间节点应该达到什么程度。

12 月 31 日离职，是一个具体的、限时的目标，离职计划清单就是一条实现路径。2022 年下半年要二胎，是一个具体的、限时的目标，二胎计划清单就是一条实现路径。如果没有计划清单，你可能就很难管理好时间的流动方向，导致完不成目标或者完成得很差。

《高效能人士的七个习惯》中写到："任何事情都是先在头脑中构思，也就是智力上的第一次创造，然后再付诸实践，也就是体力上的第二次创造。"其实在第一次和第二次创造之间，还有第 1.5 次创造，那就是把头脑中的第一次创造落实到纸面上，形成计划清单，让创造可视化。

第 1.5 次创造能确认第一次创造的完成度。如果不进行第 1.5 次创造，很多人会以为第一次创造，也就是在头脑中的构思是清晰的、完整的、合理的、靠谱的，但当你进行第 1.5 次创造时，你可能会发现不是，头脑中的构思可能是相对模糊的、不完整的、不够合理的，甚至不靠谱的。所以，你一定要制作计划清单。

计划是一场"永远未完成"的"不完美艺术"

计划是很难实现的，对吗？确实，所以很多人就不制订计划了。还有一些人只意识到要列工作计划清单，这是不够的。我们一定要牢记：每个人只有一条时间流。

如果你只列工作计划清单，就相当于你只把工作目标和任务放在这条时间流里，这就可能导致你把工作目标和任务看得很重，却忽略了其他琐事也都会冲进这唯一的时间流里。这就会出现两种情况：一种是除了工作其他什么也干不了，另一种是工作计划因为其他事情而搁浅。

所以你要知道，计划清单应该涉及你人生的方方面面，除了列工作计划清单，你还要列运动计划清单、早睡早起计划清单、旅行计划清单、读书计划清单、学习进修计划清单、副业计划清单等。

所有事都是在唯一的时间流里，争夺有限的时间。做到这一点后你就会明白，贪心是计划很难完成的重要原因之一。在绝对有限的时间里，我们总是试图完成更多的计划。所以我们要学会取舍。因为计划都是一场"永远未完成"的"不完美艺术"，无法 100% 地执行。

在制订和执行计划时，一定要杜绝以下两种极端思想。

极端一：计划要完美地执行，要不然前面的努力就白费了。

极端二：要是不能每天制订计划，就干脆不制订计划。

很多人存在这两种极端思想，是因为他们没有认识到人生是一种不完美的艺术，更何况计划呢？不能完美地执行计划是常态，没有人能按照计划过完一生。

不能每天制订计划也是合理的，但不断制订计划，一定比完全不制订计划好。计划本身就有"永远未完成"的特质，没有人能制订一份百年人生计划，甚至对大多数人来说，制订一份靠谱的三五年计划都特别难。个体的脆弱性、不稳定性、多变性决定了个体本身就不适合制订过于长久的计划，而应该持续制订计划。

第二节

计划分解：日计划、周计划、月计划、年计划

日计划、周计划、月计划、年计划，基本上是每个人必须要制订的。在具体展开阐述之前，我先强调以下几点。

计划不用列得很完美、很合理、很靠谱，可行就行。

计划不用列得很精致，自己能看懂就行。

计划不用执行得很完美，越长期的计划越是如此。

做不到每天列计划也没关系。

计划列好了可以经常改，改到面目全非也没关系。

看完这五点，是不是感觉轻松点儿了？正如前文提到的，时间管理不是违背人性的，不会让大家变成一台按程序运行的机器。我见过很多优秀的人，他们的计划也符合上面这五点。

日计划

日计划，就是以日为单位填充做事清单，分以下两种填充方式。

第一种：填充明天。

第二种：填充其他时候。

先说"填充明天"。为什么不是填充今天？因为今天是用来执行计划的。什么时候填充呢？或许很多人会告诉你是前一天晚上，其实应该是今天随时填充。比如我今天早上想到明天要做的一件事，填上；同事、老板交给我一件事，要求明天下午5点前完成，我接收到的时候就马上填上。这样到晚上时就填得差不多了，晚上可以花5分钟过一遍，了解一下明天要完成的事。当然，晚上你也要把常规的、固定要做的事填充到明天的做事清单中。

再说"填充其他时候"。每天要做的事，绝对不是只能在前一天填充进做事清单，很多事可能在一周前、一个月前就填充进去了。比如说我在4月初就将很多事填充在5月底了。这是怎么填充的？一些是将已有的长期任务拆分后填进去的，比如同事提出了4月、5月的直播需求，我了解后就会马上填充到相应日子的做事清单中。另一些是将还未开始的任务进行拆分，这些一般是重要但不紧急的事，拆分好后填到相应的日子里提前占位，执行的日期可能会前移或后推，但因为提前占位，所以完成的概率就非常大。

在列日计划的时候，不用分太多栏，因为只有一条时间流，不管是工作的事，还是生活的事，都是在同一条时间流里竞争。日计划中的事情简单分为以下两类就行。

一类是必须完成的事——无论如何都要完成的事。

另一类是不紧急但重要的事——尽可能去做，但实在完不成可以向后推的事。

我每天要做的就这两类事，比如周一到周五每天写完一节时间管理课，是最近必须完成的事，如果向同事、合作伙伴做了承诺，约定今天完成，就没得商量。如果我今天想重新剪辑视频号的第一条长视频，用来推广时间管理课，但由于时间有限，因此我可以将这件重要的事往后推。

制订日计划比较重要的一点就是，你要特别清楚当天有没有占用时间比较长的必须要完成的事，如果有，就要评估一下用时，做到心里有数，不要在一天里同时安排好几件这样的事情，或者不要在安排了一件这样的事情后，还计划做很多其他事。早上开始做事后先想一下，今天那件大事什么时候开始做，大概什么时候能做完，这样可以把控一天的时间。

周计划

日计划是一系列待办清单，不容易再拆分，可以直接做。周计划里则要制定几个小目标，因为以周为单位，时间较短，通常不会细分成动作，因为一旦细分成动作，就可以直接写到相应的日计划里了。

下面是我 3 月最后一周的周计划。

必须完成的事：

制作第二条推广时间管理课的长视频。

尽最大可能完成的事：

1. 制定时间管理课 4 ～ 5 月的推广策略和销售目标；

2. 完成 3 月的公司财务分析。

我解释一下，一周内必须完成的事并非只有那一件，只是其他的没必要填入周计划，因为它们直接被填入相应的日计划里了。比如哪天要完成时间管理课的第几节，哪天要做训练营的哪场直播。所以在周计划中，我只需要列出新的且必须完成的事。一般来说，这类事不宜太多，每周 1 ～ 3 件即可。

尽最大可能完成的事不是说不完成也行，而是完成了当然很好，但为了完成必须完成的事，这周可以暂时不完成这类事。不过如果在这周完不成，有些事情就可能会在下周或下下周变成必须完成的事。

周计划在什么时候填充呢？答案依然不是在这周日填充好下一周的计划，而是在这一周中，根据自己的思考和对未来的规划，随时填充。比如我这周二就决定好了下周要做的最重要的几件事，那我就可以将这几件事直接填充进下周计划中。周日的时候，可以再确认、梳理一下，但不能等到周日再填。

周计划一定有一部分是从月计划中拆分出来的。比如我 4 月计划销售出 4 500 多份时间管理课，这个计划就一定会拆分出几个小任务。我可以将这几个小任务分别填充到 4 月不同周的周计划里，比如哪一周要完成一篇新软文，哪一周要制作一条用来推广的长视频，哪一周要思考一下新的营销策略。

周计划也一定有一部分是你根据未来的规划或新目标而列出的。比如本来这周是没有制作长视频推广时间管理课这个任务的，但因为课程的销售目标调整了，上周临时决定要做这件事。这就是计划的机动性，它经常变，但没关系，我们的目的是做成事，而不是非要一板一眼地按预先的计划执行。

月计划

月计划一般包含两点：关键目标和关键事项。

比如 2021 年 4 月，我有一个关键目标：销售出 4 500 份时间管理课。每个月尽量只列 1 ~ 2 个关键目标，集中时间、精力和资源，实现关键目标。有的月份可能没有特别重要的事，则可以多列几个关键目标。假设 6 月没有重大又耗时的关键目标，我可能会把降低体脂率作为关键目标。

关键事项可以有多个，这些事可能比较重要，但算不上目标，也不需要耗费很多时间。比如我 4 月的关键事项是跟设计师一起提升公众号的个人品牌感，进行时间管理课的延伸开发，和内容组开一次数据分析会。

从月计划开始，因为周期变长了，所以计划的清晰性、准确性、可行性都会不如周计划、日计划，执行过程中也会有很多变化，但没关系。每次列月计划，尤其是提前列下个月计划时，不用非得逼自己想得特别清楚明确，可以先勾勒一个大致轮廓，随着时间推移、想法改变、现实情况变化，你可以随时修改计划。

需要列出相对清晰明确的计划的时间节点是每个月的月末。这时候就要深思熟虑，评估好可行性，预想好完成度，拆解出一些关键目标和任务填入周计划，在执行时要尽可能做到。

关于月计划、周计划的记录方式，我也有一些自己的小方法。比如，将月计划放在计划本开头的前12页，每个月计划占一页，而周计划则放在每个月一号的日计划之前，一周一页。当然你也可以单独用一个计划本写月计划和周计划，用一个计划本写日计划。这样做是为了增强计划的连续性，同时也是为了在执行过程中能够不断根据前面的计划优化后面的计划。

年计划

年计划最难列，但也最重要。

年计划最难列，是因为一年的时间太长了，中间的变数太多了。比如你所在的公司要进行战略调整，行业遭遇黑天鹅事件；你的认知、想法、观念发生改变，你的兴趣发生转移……即使很多事情没有发生那么多的变化，年计划的制订也是困难的，因为周期越长，我们合理规划的能力就越弱。

年计划最重要，是因为无论是技能的提升、事业的发展，还是认知的迭代、人生的重大选择，都需要我们以年为单位来规划。如果不好好规划，这一年过去后，可能仍然没有大的改变。

在制订年计划时，切忌把它当作一个固定任务去应付。我知道很多人都是在一年快结束的时候才开始制订下一年的计划，这其实是不合适的。因为它太重要了，所以你隔三岔五就应该好好思考一下，明年要做什么，要做到什么程度。比如现在是 4 月，但我已经开始思考明年要做什么了，当我觉得某个想法相对合理时，我就会写下来，并不停地这样做。这些计划过段时间可能会被迭代，也可能会被推翻，也可能会更加稳固。

同样值得注意的是，有些人可能觉得年计划就应该在上一年的年末或者新年开始时制订完美，其实不是。如果 1 月时你觉得年计划制订得不够好，你可以在 2 月甚至 3 月时继续完善，慢慢调整。

比如我的年计划是写三门课，但就在今年 3 月底，我反复思考我为什么要沦为不停出新课的写作机器，难道不应该一年做好一门课，并把它打造成精品课程吗？所以，我的年计划就变成了先把时间管理课做到最好。

年计划，要包含哪些内容呢？答案就是年计划中应包含核心目标、突破目标、基本目标、变化目标。每个人都应该有一两个核心目标，不能多，但也不能没有。

我作为一个公司创始人，我的核心目标就跟公司营收发展相关。此外，我还制定了两个突破目标：一个是今年在视频内容上要实现一定的转型突破；另一个是我的新书的销量要努力超过前两本，超过 10 万册。

基本目标很好理解，公司的发展是有连续性的，有些固定收入的渠道要稳住。比如对于我的公众号广告收入，我每年都会制定基本目标。变化目标中的"变化"是指你刻意引入的变化，是在新的一年里你想获得的比较重要的变化。比如你可以计划一下，到底要不要换城市生活，要不要转行，要不要换公司。

每年制订年计划时，可以从事业、生活、家庭、情感、人际关系、身体等不同维度出发。比如我今年有两个生活方面的计划，就是坚持早睡早起，坚持减肥。目前这两个计划都完成得很好，我基本可以做到每天 6 点起床，晚上 11 点左右睡觉，每个月都在锻炼。

制订年计划需要注意以下方面。

必须写，即使只写个大概也会让你有个方向。

别列太多，列几个核心要完成的就行。

最初不用列得很细，也不用着急拆分。

从现在开始，你就要经常想明年的计划，而现在执行的今年的计划也要一边执行一边优化。

　　我最后想说两点：一是很多人会觉得制订计划很浪费时间，其实恰恰相反，多花时间制订计划，会帮你节省大量时间；二是制订计划比做总结更重要，只擅长做总结而不擅长制订计划的人，可能只有过去，没有未来。

第三节

日计划载体：每日做事清单的存在价值

人生中最重要的问题归根结底是如何更好地度过每一天，所以接下来的内容将围绕每日做事清单展开。它太重要了，我们每天都是根据它的指引做事。每日做事清单的价值是什么？除了把每天要做的事列出来，它更大的价值体现在以下三点。

倒逼我们思考重要但不紧急的事

前文提到过，日计划不能只填充明天的，还要填充其他时候的。所以我们要持续更新长周期的每日做事清单。

很多人只规划当下，不规划未来。如果不规划未来，当下就没有意义，因为你都不清楚自己要抵达何方。所谓长期主义，就是先规划未来，再倒推当下，这样才是高级的活在当下的方式。很多人从不思考未来，但未来每天都来，来过即成昨日，于是日日蹉跎，不见改变。如果现在让你填充未来3个月的每日行动清单，你就不得不思考，不得不规划。

规划什么？自然是规划未来会决定成败的重要但不紧急的事。因为未来发生的重要且紧急的事是你无法预见的，所以你只能规划重要但不紧急的事。使人与人之间拉开差距的就是，你能否从每一天中抽出时间做那些重要但不紧急的事。

比如你想在未来 3 个月内跳槽，这就是一件重要但不紧急的事，但如果你不制订计划，这很可能会是一次预谋很久但草草了事的跳槽，你还是没能找到合适的工作。如果你提前计划了，你就知道你在未来的 3 个月里，大概哪天需要准备好简历，第几周开始投简历，第几周要开始面试，要花多少时间深入了解公司，然后把这些事情填入每日做事清单，按照清单严格执行，这样你大概率会有一次完美的跳槽。

又如，你可以挑出三本需要精读的书，未来每个月读一本，然后把这件事写到日做事清单里，这样你未来的每一天才可能真的去做，否则一有任何事与读书发生冲突，你首先放弃的就是读书。想要提升能力、学习技能都可以用这种方法。

阻断不重要且不紧急的事

对于重要但不紧急的事，很多人不是不想做，而是没有时间做，每天的时间都已经被紧急的事占得满满的，再也塞不下那些不紧急的事，无论它们重要与否。

如果你事先思考清楚了未来的重要但不紧急的事，你就可以按照前文讲过的方法，先给每件重要但不紧急的事设定一个具体的、限时的目标，然后拆分目标，列出具体的任务清单，再拆解任务，列出具体的待办清单。

最终，你就可以把这些具体动作准确地填充到每日做事清单中了，提前占位能有效解决没时间做的问题。这里用到的方法同样是阻断，当重要但不紧急的事提前占位后，你可能就不会像以前那样，什么事都做，什么忙都帮了。很多事可能你想做都做不了，因为时间被占满了，不重要且不紧急的事根本挤不进你的时间流。为什么很多人经常做一些不重要且不紧急的事？就是因为他的空闲时间没有计划，所以这些事便可以乘虚而入。

让大脑处理真正重要的事

一个待办事项越重要，我们越不应该浪费大脑的资源去记住它。比如，几天后有一件重要的事情要做，你每天都要提醒自己好几次。这种记忆就是在浪费大脑资源，越重要的事，越怕忘，浪费的大脑资源越多。用每日做事清单这个工具，很多事都不用再重复提醒自己，遇到什么待办事项，直接记在计划本里，每天上班第一件事就是看当天有哪些事要做。一件一件做，做每件事的过程中你可以只想着这一件事，既减少了焦虑，又提高了效率。

借助每日做事清单我们可以最大限度地节省大脑资源，这样才能把有限的精力用于思考。大脑就像一台电脑，硬盘决定了它的存储空间，内存影响着它的运行速度。如果所有信息都依靠大脑来记忆，就相当于把所有文件都放在本地磁盘中，这样可用空间会越来越少，其他高价值信息就可能会因为没有足够的存储空间而遗失。

　　每件事从你决定要做，到彻底做完的过程中，它始终会存在于你的大脑里，这就相当于电脑同时打开了很多软件，虽然你看上去没有做什么动作，但这些软件一直占用着内存，影响你的操作速度。有了每日做事清单之后，就相当于给电脑开了云共享，把暂时不用的信息扔到云上，占用的是云空间，电脑本地磁盘的空间和内存都被释放出来了，运行速度自然会快很多。

　　有时候大脑是个不靠谱的"伙伴"，它只记自己想记的信息。我们存储在大脑里的所有信息其实都是经过大脑加工的，所以人的记忆有时是不可靠的。而每日做事清单是个没有感情的工具，你给它什么，它就接收什么，不会进行任何处理和加工。借助它我们可以最大限度地降低信息被遗漏的可能性，不仅如此，它还可以帮你提高工作效率，减少大脑资源的消耗。

第四节

日计划制订：制作每日做事清单的五大要点

每日做事清单看似简单，但真正执行好并不容易。下面跟大家分享一套我实践出来的方法。

预期长度要始终保持至少 1 个月，并持续填充

每日做事清单最重要的功能之一是规划未来，通过提前规划未来，让我们更好地活在当下，每一天都有进步。

未来是持续向前滚动的，所以为了让每日做事清单始终有规划未来的功能，它也需要持续被填充，预期长度要始终保持至少 1 个月。

每日做事清单的持续填充，本身也是一项需要我们不断执行的工作，它永远无法一劳永逸，需要我们养成持续填充的习惯。

当我们知道未来某天需要做的工作时，我们要及时将其填充进每日做事清单。我们也要隔三岔五地思考，未来的哪些重要事情需要定目标、拆任务、做填充，从而不断更新每日做事清单。

所以我经常告诉自己：要始终规划好做规划的时间，做规划本身就是一项重要的工作，永远不要节省做规划的时间。

准确标记重要日子并合理填充

每日做事清单的时间标记一般涉及以下四点。

第一，日期。也就是几月几日，这是最基本的。

第二，星期。也就是标记当天是星期几，这个很重要。比如有的公司会在周一或者周五开会，有的会在周末开会，有的人的工作是单休，有的人需要轮班等，标记好星期几方便你根据现实情况合理填充。

很多人的每日做事清单基本只包括周一到周五的事情，周六周日的计划要么没有，要么就被填充得很随意。一定要注意的是：周六周日的计划更应该被填充，因为你工作日的计划可能大部分都是当天的工作，即使你不填充，大部分工作也会及时做完。而周六周日，大部分人是不用去公司的，这两天时间属于自主安排的时间。如果你的自主安排意识差，自我要求不严格，很可能会荒废两天，一周荒废两天，一年就荒废约 100 天。所以一定要填充好周六周日的做事清单。

第三，节假日。一年中有很多节日，学生和老师还会有寒暑假。在这些节假日中，你可能会有大段可自由支配的时间。标记好节假日，方便合理地填充节假日每日做事清单。

一定要注意的是：春节、端午节、国庆节这三个重要的节假日要规划好。春节是新的一年的开始，你一定要拿出几天时间来好好规划一下新的一年要如何度过。端午节属于上半年到下半年的过渡节点，承上启下，你可以拿出两天时间复盘上半年的情况并调整下半年的目标。国庆节属于一年中最后一个季度的开始，你可以在此时复盘前三个季度的得失，规划好最后一个季度，在最后几个月鼓鼓劲，努力完成今年的目标和计划，同时开始想想明年的目标。

第四，重要日子。比如朋友、家人、爱人的生日，结婚纪念日，公司团建日等，这些日子要准确标记。在填充每日做事清单时要尽可能避开这些日子，否则你可能会在爱人生日那天安排了大量工作。

评估每日可控时间，占位式填充

填充每日做事清单，最重要的是规划未来，让重要的事提前占位。不要以为只要提前占位了，到时候就一定能执行好，这其实很考验你的评估能力。你首先要评估在正常情况下，每日可控时间是多少。每个人的每日可控时间是不同的，每个人在不同阶段每日可控时间也是不同的。

我在服装店做店员时，周一到周四，做一天休一天，上班时间是早上 10 点到晚上 10 点，周五、周六、周日是轮早晚班，每日可控时间不同。我做新媒体编辑时，早上 9 点上班，下班时间不确定，周末和节假日的每日可控时间不确定，随时都可能要追热点、写文章，每日可控时间比较少。我现在自己创业，时间相对自由，可以自主安排，每日可控时间比较多。

可控时间就是你可以自主安排的时间。如果你的每日可控时间只有 3 小时，但你平均每天提前占位的事情在 3 小时内做不完，再加上一些突发事件，你在最终执行时可能就是一片混乱。所以，你要先评估每日可控时间，注意周一到周五和周末的区别，注意节假日和重要日子，填充时也要尽量准确地评估完成事情所需的时间，还要留出至少 1/3 的弹性时间，比如你的每日可控时间是 6 小时，你填充的事情所需的完成时间最好不要超过 4 小时，留出足够的弹性时间，才能真正完成那件事。

每个人每天只有 24 小时，除去睡觉吃饭的 10 小时，只剩 14 小时，而上班的 8 小时并不在我们可以自主安排时间的范围里，如果再加班一两个小时，下班后可以自主安排的时间不足 5 小时，我们大多数人的每日可控时间都是这样的，但拉开人与人之间的差距的，正是对这些时间的规划。另外，周末、节假日，也需要进行合理规划，尤其是周末，它占据了一年中的很大一部分时间。谁能更好地利用周末，谁就能取得更大的成就。

坚持每日填充次日的做事清单，并对要完成的工作做优先级排序

前面三点体现的是每日做事清单对未来的规划功能。这一点主

要针对具体执行时每天工作的规划，包括了上班的 8 小时。人与人之间的差距是一天一天拉开的，我们要以天为单位刻意要求自己成长。因此，我们每天都要坚持对次日的做事清单进行填充，盘点第二天需要完成的工作有哪些，每项工作大概占用的时间，需要定时完成的要标好执行时间，不需要定时完成的则要做好优先级排序，并标好执行序号。这样每天醒来后我们都可以面对可控的一天时间，做完一件事就划掉一件，一天结束，工作也全部完成了。

每天的 24 小时，是单条、单向、持续向前的时间流，它没办法清晰地划分出工作时间、生活时间、学习时间、娱乐时间，更没有所谓的平衡，我们只能做好优先级排序。时间管理就是把所有的待办事项一个一个地放在同一条时间流的不同节点上，依次完成。

每日有执行记录区，每周、每月有总体复盘区

很多人的每日做事清单只有待办事项列表，这是绝对不够的。每日做事清单是你的规划，是接近现实的设想，但绝对不是现实，在执行时会出现很多变数，如在顺序上、时长上等。所以，我们还要忠实于现实。

我的每日做事清单是用笔记本记录的，笔记本对称的两页纸，一页是待办清单区，一页是执行记录区，这样方便我不断对比计划和现实，以不断增强计划的能力，最终提升规划未来的能力。同时，我还会留出每周、每月的复盘区，定期回看一个小周期的执行状况，

以不断提高自己的规划水平和执行水平。

　　这些就是我亲身实践的制作每日做事清单的方法，听起来很麻烦，每天都要花费时间去填充。但相信我，这绝对不是浪费时间，而是用小时间干大事情，永远不要吝啬做规划的时间。做规划就是做管理，对一个公司的 CEO 来说，最重要的一件事情是花时间做管理，而每个人都是自己人生的 CEO，需要花时间做好自我管理。

第五节

日计划执行：执行每日做事清单的三大原则

好的规划是成功执行的一半，这句话的前提是真的努力执行，没有执行，再好的规划也没用。所以，我们一定要懂得什么是"好的执行"。曾经我以为自己是不会执行的人，因为我在执行过程中会不断出现问题，但后来我发现我比大多数人都擅长执行，因为我制定的大多数目标几乎都通过规划和努力执行做到了。什么是好的执行？最终达成目标，就是好的执行。

按优先级顺序执行，不必完全今日事今日毕

今日事今日毕，很多人经常听到这句话，也将其奉为行事原则。也有很多人在常常做不到后就产生挫败感，以至于没多久就放弃制作每日做事清单。其实，不必完全今日事今日毕。做规划的意义是什么？是让每天可控，最终完成长期目标。可控的意思就包括今天完不成没事，可以明天补上，甚至可以后天补上。好的规划，一定

要有弹性。

这就像开一家奶茶店，计划这个月营业额达到 30 万元，平均每天要达到 1 万元。但在实际执行过程中，有时营业额只有 8 000 元甚至 7 000 元，但有时能有 12 000 元甚至 14 000 元。这就是弹性，它不是一条直线，而是一条围绕平均线上下波动的曲线。有波动没关系，最终实现目标即可。

每日做事清单的执行也是如此，你今天效率低，状态不好，还有三件事没完成，但你明天可能有很高的效率，不仅能补完昨天的，可能还能提前做完后天的两件事。当然，做事必须尽全力，而且还要依据优先级顺序做事。

你要把每天的工作分成要事和小事，要事就是指那些更能影响成败的关键事情，这些事情优先级高，无论如何也要完成。分配时间时应该多给要事留一些弹性时间。小事就是指那些必须要做，但不至于影响成败，也不那么紧急的事。这些事不用严格按预定时间来做，但注意不要堆积。这样的执行既有纪律性，又有弹性。

接受不完美，不完美的执行好过没有规划

越是需要长周期执行的计划，越要接受执行过程中的不完美，因为在执行过程中可能会出现很多问题。在长周期任务的执行过程中，经常会发现某个任务的执行计划需要调整，某个任务的执行时间表需要重做，某个任务需要暂时放弃，某个任务需要临时加进来

等情况。每当出现这些情况时，很多人会觉得很混乱，认为规划失败了。其实不必有这种想法，出现这些情况是很正常的。规划是对未来的确定性设想，但未来永远是具有不确定性的，我们需要接受这一点。

在执行过程中可能会发生突发事件，比如我在准备开始正式写这本书时因骑摩托车被烫伤住院，治疗了一个月。比如我在写这章内容时，因搬重物导致右手中指指甲盖被砸掉了，去医院治疗回来变成了"一指禅"，要三周才能恢复。这种突发事件很多，包括家庭中的一些事情，工作中突然被分派的任务，甚至失业、投资失败等，每个人每年都会遇到一些突发事件。

有些突发事件可能是好事。比如关于公司发展我有了更好的战略规划，有上线新业务的机会，这时候原本的一些任务可能就要延后或者取消。在个人发展的过程中也是如此，突然有了更好的工作机会，或者突然找到了个人成长的突破点，都会在一定程度上打乱你原本的规划。

没有完美的规划，更没有完美的执行，我们要接受不完美。不完美的执行，远远好过没有规划。规划和执行，就是用确定性对抗不确定性，我们不会完胜，但会始终立于不败之地。

执行必须标记，记录必须诚实，复盘必须坚持

执行必须标记：做完一件事就划掉一件事，不断给出一个个最

小正反馈，增强可控感和自信心。没做完的事，更要标记好，并要及时把它填充到明天或后天的每日做事清单中，防止遗忘误事。主动调整的事，要标记好，并且留出时间进行再规划和再填充。放弃的事，也要标记好。这些标记让执行状况清晰可见，方便复盘调整。如果你跟我一样用笔记本记录清单，我建议你准备几支不同颜色的笔，设计不同的标记符号，方便自己查看。

记录必须诚实。记录是指在执行记录区把一整天的时间"消费"状况进行完整记录，这样可以观察和计算每天的时间分配。做一件事花了多少时间要记录，浪费了多少时间也要记录，拖延了多少时间才完成也要记录。只有诚实地记录，才能有效地复盘和调整。

复盘必须坚持，以养成每天复盘的习惯。复盘不用太复杂，每天晚上睡前看看自己一天的时间都分配在哪里了，其中哪些值得肯定，哪些需要反思，哪些时候做事的状态不好，并思考为什么状态不好。这样做会不断提高每日做事水平。每周、每月也可以做一次复盘，看看自己是否在重要的事上花了足够多的时间，在不重要且不紧急的事上浪费了时间，重要任务的完成进度怎么样。我们要通过复盘不断提高自己的规划水平和执行水平。

第六节

应对不可控：面对新事情该如何应对

如果我们每天要做的事都是提前规划好的，那么我们在时间管理上的烦恼会少一半，但生活的常态是，我们一边要处理每日做事清单上的待办事项，一边要应付不断冒出来的新事情：不断收到新邮件、不断跳出微信消息、同事需要配合、领导安排新任务、下属需要你指导、下属的工作出问题了、工作临时有变、要订午餐了、外卖到了、快递到了、要开会了、有客户投诉要处理……

面对不断冒出来的新事情，我们的应对方式决定了每天工作的可控度，决定了每天事情的完成度，决定了我们是被事情牵着走，还是能掌控自如。时间管理的一条原则是，永远不要火急火燎地行动，而要先判断，再做事。面对任何一件新事情，我们只有四种应对方法——"两做"和"两不做"，分别是马上做、填充进每日做事清单待做，以及转给别人做和拒绝做。

马上做

你首先要明确一个基本原则：能不马上做的，就别马上做。原因很简单，大部分时间，你都处于正在做某件事的状态中，被打断后再接上，会影响你的做事状态和效率。

哪些事需要马上做？答案是你可以马上做完的，三五分钟就可以搞定的。比如你正在写方案，同事需要你报一下昨天的项目收入，领导需要你转发某个文件给他，下属需要你签字，下属需要你确认一下某个事项，同事需要你看一下海报等。这样的事你能快速搞定，基本不会影响你正在处理的事，同时，这些事延后做可能会花费你制作每日做事清单或写备忘便签的时间，或者这件事没做会让你一直挂念着，从而消耗你的精力，所以这些事要马上做。

填充进每日做事清单待做

一旦一件事要花费 10 分钟以上的时间去处理，且对方不需要你即时处理，那么最好先将其填充进每日做事清单，挑选合适的时间再做。这样的事情会打断你正在做的事，如果正在做的事恰好需要你进入心流状态，需要连续的注意力，超过 10 分钟的打断就会极大地影响你的做事状态和效率。

我在高度集中注意力写文章，或者思考公司业务战略时，都害怕被打扰，但作为管理者，公司有很多事情需要我处理，每天都有不断冒出来的新事情，我一般都是延后处理。比如同事的选题需要我确认，完成这种事一般需要 10 分钟以上的时间；同事的稿子需要我的修改建议，完成这种事一般需要 30 分钟以上的时间；应聘邮件的查看和回复一般需要 20 分钟的时间；训练营相关业务的讨论一般需要 20 分钟以上的时间……每次面对这种情况，我会马上看一下时间，估算我正在做的事情做到几点能结束，或者我做到几点会休息一下，然后我将事情填入每日做事清单，并简单回复同事何时处理，就继续做自己的事了。

有些事情花不了很多时间，但也没必要马上做。比如快递到了，不必马上去拿，可以先让快递员放在货架上，可以在午餐时间、晚餐时间或下班后拿；要寄送东西也不必马上寄，可以在工作间隙寄；不必时时查看微信回复消息，否则会不断被打断，可以每隔 1 小时看一次微信，花 5 分钟集中回复；回复邮件也是如此，如果有急事，对方会通过语音通话或者打电话找你。总之，要尽可能地保持我们工作的连续性。

转给别人做

并不是冒出来的任何新事情，我们都要做。我们可以不做，不做又分为转给别人做和拒绝做两种方式。转给别人做分为以下两种。

第一种，交给合适的人做。在职场中，部门同事、跨部门同事需要相互配合的情况很多，但并不是任何一件事都应该由你做，也并非你就是最适合的人选。比如这个会，我该参加吗？这个活动，我是最佳人选吗？这个论坛，非得我去参加吗？这个工作，必须我来对接吗？有时候你并不是最合适的人选，但你直接拒绝也不合适，因为这些事可能并没有确定应由哪个同事负责，即每个人都有责任和义务，这时候最好的方式是帮对方快速找到更合适的人去做。

第二种，授权给别人做。授权是时间管理的一大利器。在职场中，如果你是管理者，切忌任何事都亲力亲为。我曾经有一种不正确的观念，总觉得我直接做了吧，也就 5 分钟；我多完成一些吧，做这个我是专业的；这个我也懂，我顺便做一下等。

学会授权后，我的可控时间至少多了 50%。现在我常说的话是："你来做吧，你可以自己决定。""你找他做更合适，这件事由他负责。"我们在生活中也要学会授权，才能节省出更多的时间和精力。

拒绝做

很多人因为不懂拒绝，可能每天都会做一些本不用做的事情。遇到一件事情要马上判断，我可以不做吗？

这个会，可不可以不参加？

这个活动，可不可以不去？

这个聚会，可不可以不去？

这个人，可不可以不见？

同事的这个工作，可不可以不接？

朋友的这个要求，可不可以不接受？

很多事情，你合理拒绝了，对你真的没有什么影响；你做了，对你也真的没有多大好处。学会拒绝，你会感到神清气爽。

第六章

省时高效：
做好时间分配，提高时间效能

第一节

提高效率：做到这四点，时间利用率提升 2 倍

一天的时间永远是 24 小时，它不可能变成 48 小时，但我们可以提高时间利用率，用 24 小时的时间，完成需要 48 小时完成的事。我在前面讲了很多时间分配的技巧，下面开始讲如何在分配好时间的情况下，提升时间利用率。

早睡早起，让黄金时间效率爆发

我曾经是熬夜界的"课代表"，基本每天晚上都是 12 点以后才睡觉，经常熬夜到凌晨一两点甚至更晚。那时候我有一个错误的观念，我坚定地认为早睡早起跟晚睡晚起没有区别，反正工作时间的总量是一样的，早睡早起又没让时间多出来几个小时。现在，我是坚定的早睡早起执行者和倡导者，因为虽然早睡早起时我的工作时间总量不变，但我的工作效率变得更高了。

第一，早上的时间是黄金时间。大脑和身体经过一整晚的休息

放松，完全恢复过来，因而早上是一天中状态最好的时段，用这段时间来处理最重要、最难的工作，效率会非常高。同样的工作在晚上做，效率会差一点，因为大脑和身体已经劳累一天了，体能、注意力和专注度都不再是最佳的状态。所以如果想留两三个小时给自己来处理重要的事，最好留早上的时间，而非晚上的。

第二，早上的时间相对完整，无人打扰。我的很多课程都是早起写的。早上无人打扰，大多数人还没有起床，即使起床了，一般也不会跟我沟通工作。因此在早上这段时间，我不需要处理微信消息和邮件，也没有人给我打电话，通常是效率最高的一段时间。

时间管理中最重要的一点是，让自己始终有时间去做重要但不紧急的事，而最重要的实践方法是提前占位，所以我现在的原则就是，不断把未来的重要但不紧急的事进行拆分，不断提前占位，将早上的时间用来处理最能决定未来成败的事。

关于早睡早起，我曾经陷入两个误区。

第一，我曾经认为人在早上的效率不高，因为人特别容易困。这其实是因为我还在晚睡晚起的作息规律中，虽然练习早起，但新的作息规律还没有形成。我虽然早起了，但睡眠不足，就会特别困，导致工作效率低下。其实当我每天早睡，保证了充足的睡眠后，早起后的精神状况就会非常好。

第二，我曾经认为自己是"夜型人"，而非"晨型人"，这也是我给自己长期熬夜的借口。其实当我彻底实现早睡早起后，发现只要保证充足睡眠，一整天的效率都是高的。

如果你现在习惯了晚睡晚起，想早睡早起，那你要经历很多痛苦。在整个过渡阶段，你要忍受每天早起的痛苦，起来后可能会没精神，白天容易打瞌睡。你还要忍受每天早睡的痛苦，比如可能会躺在床上翻来覆去睡不着。

你必须接受并熬过这个过渡阶段，要对抗痛苦，而非屈服。比如当你早起了，白天超级困，这时候你千万别补觉，如果白天补了2小时觉，晚上就又会睡不着了。你要强忍困意，这样慢慢地在晚上早睡时就会有睡意了。早睡睡不着时，千万不要起来玩手机，否则又会陷入恶性循环。要改变作息规律，就要忍受过渡阶段的痛苦。

快速切换，事来则应，事去则静

如果不能快速切换，每日做事清单上的一大串待办事项对你来说简直像一系列灾难。什么是快速切换？举一个例子，早上8点我给学员直播，滔滔不绝地讲1小时加上答疑20分钟，9点20分直播结束后，我可以迅速切换到下一个工作中，如给晚上要推送的公众号文章改标题或者给作者润色稿子。这些事情做完后，我还可以马上再做下一个工作。

怎么做到快速切换呢？首先要有"一秒失忆"的能力。比如直播完走出会议室后，可以把刚才做了一场直播这件事忘记，接下来该做什么做什么。其次要有"一秒上手"的能力。比如当你要写一篇文章，就得马上做点什么，比如写个题目、找个封面图、画画框架等，做点什么都行，重要的是马上就做，让自己动起来，而不是处入长期的酝酿状态，迟迟上不了手。

"一秒失忆"和"一秒上手"的"一秒"，都是比喻说法，指短时间。做完一件事，别沉浸在里面迟迟不出来，不要回味太久，而应马上行动起来，开始做下一件事，不要酝酿太久，酝酿久了就变成拖延了。

每个人每天要做的大事往往不会很多，但小事一定很多。比如对我来说，给同事反馈选题、给推送文章定标题、查看简历、给面试者反馈、对海报设计方案提意见等，这类小事每天都有很多，快速切换可以极大提高效率。如果切换得很慢，每处理 1 小时的事都要多消耗 20 分钟，一天下来，我可能会浪费 2 小时。

快速切换的本质就 8 个字：事来则应，事去则静。要想做到快速切换，需要有很强的保持情绪稳定的能力。如果一个人的情绪是稳定可控的，那么他进入一件事和走出一件事的速度就会很快，当然这种情绪控制能力也需要刻意练习。

一气呵成，提高一次性完成率

很多人有个不好的习惯，做事缺乏连续性，经常是只做了一些简单处理后，就对自己说"后面再说吧"，后期再找时间把这件事继续做完，这样的时间利用率是很低的。

提高时间利用率讲求一气呵成，不断提高一次性完成率。比如我以前查看应聘者的邮件，经常是打开后花 5 分钟看看简历和陈述，琢磨一下，然后心想"后面再说吧""明天再回复吧"，就关掉了。过两天必须要回复了，我再打开，这时又得再看一遍，然后再回复。现在我对自己的要求是：要么看了马上回复，要么先不看，直接存入每日做事清单待做，到时候看完直接回复。

要养成凡事一次完成的习惯，比如要整理会议要点，最好开完会马上整理，而不是等有空再做；想订午餐时，既然打开外卖 App 了，就一定要订；加上别人的微信，如果需要写标签、进行分组和添加备注，一定要马上完成，而不是等后期再整理。如果不是大项目，最好逼着自己一口气做完，不要今天做一点，明天做一点，后天再做一点。如果不能一次性完成一件事或一项工作，就需要重复地做，这样效率会很低。

并联做事，一个时间段推进多件事

有一次周一开会时，我的编辑同事问了一个问题，她说："我现在作为新作者，稿子写得很慢，因为过去的积累不够，所以每写一篇稿子都要先阅读大量素材。写稿子慢又导致我平时没有时间阅读，从而陷入一个恶性循环，这个问题要怎么解决呢？"我说："做完一件，再做下一件，这是把事情串联着做。你要尝试把一些事情并联着做，也就是在做 A 的时候同时做 B。"

我除了管理公司、思考业务，还要写书、写课程文稿、写文章，我做事的高效率归功于我擅长把串联的工作改成并联的工作。比如我的课程"个人爆发式成长的25种思维"中，每节课都有丰富、精彩的案例，但写过课程的人都清楚，搜集这么多精准又精彩的案例是很难、耗时巨大的大工程，但搜集这门课的案例我几乎没有额外花费太多时间。

这是为什么呢？因为我决定要写这门课后，建立了一个文件夹，叫"成长课"，我每次写文章查素材时，写社群分享查素材时，阅读一些公众号的优质文章时，听了一些好课、看了一些好书时，看到跟高效成长有关的案例，我都会快速把它放在这个文件夹里，并根据即时的理解，写几个关键词或一两句话的解析。几个月后，我真正开始写这门课时，已经分门别类地存下了大量的精彩案例。

后来，我把这个方法又升级了一下。在平时的阅读、听课过程中，我把遇到的好的认知、观点、案例、故事不断添加到相应的笔记中。大概半年后，我为很多课程积累了大量的优质素材，但其实这根本没多花费时间，因为在日常工作中我就顺手做了。

我在2019年底举办高阶写作训练营时，每一期都要给学员上改稿课，讲解一篇稿子从头到尾是如何改出来的。这件事挺费时间的，直到我把这件事跟另一件事并联起来：专门挑选我的团队中原创作者的合适的稿子，在上课前我把他的稿子从头到尾修改一遍，这个过程中一方面提升了稿子的质量，一方面对同事进行了业务培训，同时对改动的过程进行记录，改稿课就有了素材，不用单独做了。

你可以盘点一下需要长期做的很多事，看看有没有一些事可以关联地做，而不是相对独立地做。学会串联改并联，效率会大幅提高。

第二节

减少浪费：坚持这四点，每天少浪费 2 小时

如果没有刻意记录过时间、感知过时间，我们就很难知道自己每天浪费了多少时间。如果做好管理，大部分人都可以做到每天少浪费 2 小时。

时刻提醒，减少闲谈

开始记录时间消费后，我发现闲谈绝对是我浪费时间的一大原因。有一次我在办公室打开一本书，然后在时间管理本上写下：下午 2 点 10 分——阅读《原则》。

我准备读会儿书，刚读了两段话，某个同事抛出她刚看到的一条社会新闻，一个同事回应了几句，然后我跟另外一个同事也加入。闲谈了一会儿后，我准备继续阅读，这时候我看了一下时间，惊讶地发现，15 分钟已经过去了。后来我刻意记录，发现有时候一阵断断续续的闲谈能够浪费的时间超过 30 分钟。如果大家一起吃饭，必

然少不了闲谈，我们可以轻松地把 30 分钟的午餐时间拖到一小时以上。

如果没有记录时间消费这个习惯，我很可能以为，在办公室中那种随时发起的闲谈，每次也就花费几分钟，但其实很多时候都远不止于如此。回想一下，一天下来，我们都会闲谈几次，加起来每天就会浪费不少时间。这种闲谈有些是某个人随机发起的，有些是因为两个人对接工作，顺便闲谈了一会儿，有些是几个人要开会讨论东西，不经意就闲谈起来了。

同时，我们也要警惕微信聊天中的闲谈。有的人每天要回复很多人的信息，回复时断断续续夹杂着很多闲谈。使用微信等社交软件谈工作时一定要速战速决，不要迟迟不结束一段对话。许多人很容易在不经意间陷入长时间的闲谈，因此我们要时刻提醒自己：别闲谈，别加入，快停下，去做事。

我们还需要刻意练习如何主动结束一段谈话。我观察到一个现象，很多人跟别人聊天谈事时，明明已经聊完事情了，但两人都不太会主动结束谈话，于是继续找话题聊，你一句我一句，只要对方不结束，自己也不知道怎么结束，从而浪费掉很多时间。我们要成为主动结束对话说再见的人，成为主动结束微信聊天说下次再聊的人，成为主动结束谈话说要回去继续工作的人，成为说出希望有机会再见面的人。

立即行动，减少神游

神游也是很多人一天中浪费时间比较多的原因。当我开始记录时间消费后，发现有些时间的消费不好记录，比如我有时候 5 点 50 分起床，然后我记录的第一件事的开始时间是 6 点 10 分。中间的 20 分钟去哪里了？我很难判定自己在这 20 分钟里做了哪件具体的事，我既没有玩手机，也没有思考问题，也没有为开始工作做准备，好像就是神游了一会儿。我刻意地感知自己过的每一天，发现这种情况在一天中并不少见。我有时候在时间管理本上写下：下午 3 点 20 分——做 ××，然后半小时过去了，突然发现自己还没开始，但刚才好像又什么都没做。

这种意识和潜意识的混杂，让我们走神、拖延、无所事事，这种状态我称之为神游。了解这一点后，当出现这种情况时，我们要不断提醒自己：干活！立即行动！刻意用意识来对抗神游。

调节时间，错峰做事

错峰，就是避开高峰。一天的时间是固定的，但做事的时间是可调节的。我们掌握了错峰原理后，可以节省很多时间，实现个人时间的最优分配和利用。

比如，谁规定午餐必须要在 12 点左右吃？我刚做新媒体编辑的那半年多里，每天都要追热点、写文章，但我作为新手，写作速度比较慢，舍不得浪费时间。我发现一到饭点，乘坐电梯下楼时都要排队，吃饭也要排号，回来乘坐电梯上楼时也会很挤，常常在午餐这件事上要花至少 1 小时的时间。所以我开始错峰吃饭，每天下午一点半后去吃饭，这时乘坐电梯不用排队，吃饭也不用排号，一路畅通，基本在 30 分钟以内就能吃完。

如果你能养成早起的习惯，避开上班早高峰，错峰出行，也可以减少时间的浪费。晚上下班后，可以养成多工作一个小时的习惯，当然也可以拿下班后的一个小时来读书、学习，以实现错峰出行。如果你跟别人合租，早睡早起可以让你错峰洗漱、错峰用卫生间等，可以节省出不少等待的时间。

日常生活中做很多事情时也可以运用错峰原理，比如去商场买东西，中午以后人很多，晚上人非常多，如果上午 10 点去，就可以错峰；去超市购物，避开周末；理发，避开周末；旅行，如果条件允许，避开劳动节、国庆节等节假日。以往我们在生活中花了很多时间去等待、排队，这些时间的浪费是最没有价值的。

碎片时间，充分利用

每个人每天都有很多碎片时间，这些时间是最容易被浪费掉的，一天下来，这样的时间加起来并不少。碎片时间高频出现在上班路上、下班路上、等餐、等车、购物排队、结账排队时，也出现在出差赶高铁、赶飞机的路上以及候机、候车时等。这里不一一罗列了。

对于很多这种时间，我们其实可以利用起来。这些碎片时间，同时还是"死时间"。有本书叫《绝对自控》，里面提到一个观点：一个人一生的时间可以分为两种，"活时间"和"死时间"。"死时间"即不由我们控制、不得不去做某些事情的时间，比如通勤、吃饭等的时间；"活时间"是我们可以自由选择、行动的时间，比如你在周末可以读书、看电影、逛街等。你可以在"活时间"里"死去"，也可以在"死时间"里"存活"，关键在于你是选择主动改变还是被动接受。换句话说，你的态度，可能让"活时间"变成"死时间"，也可以把"死时间"变成"活时间"。

在《绝对自控》里，有一个人叫马尔克姆，他因为犯罪被判处 10 年有期徒刑，接下来他将面临整整 10 年的"死时间"。但马尔克姆在狱中慢慢开始反省，他决定不能再这样颓废下去了，自己必须"活"下去。他开始学习，读所有能从监狱图书馆借到的书，对一本书从头到尾读完还不够，还要一个字一个字地全部手抄下来。别人在监狱里浑浑噩噩度日，马尔克姆却掌握了越来越多的知识，甚至开始写作。

日后回忆起来，他说道："从那时起一直到出狱的每一分钟，我要么在图书馆里看书，要么躺在床铺上看书。我读了历史、社会学、宗教学、文学等方面的经典著作。"监狱成了他的学堂，他甚至完全不觉得自己是在被关押。用他自己的话来说："我从没感觉如此自由过。"

每个人的生活里都有长长短短、各种各样的"死时间"。不同的是，有人会放任这些时间"死去"，排队就是排队，等餐就是等餐，他们没有意识到自己其实才是时间的主人。聪明的人会积极地把所有"死时间"盘活，使看起来被动的"安排"变成可以主动干预的"选择"，并从中发掘出能为己所用的东西，从而获得成长。

你可以在这些时间里做些什么呢？

阅读 10 页书；

听两节音频课；

读一篇公众号文章；

整理自己的手机相册；

整理自己的微信收藏文章；

回顾一下当天的工作，做复盘反思；

提前思考一下当天接下来要做的工作；

集中回复邮件或微信信息；

向同事或下属反馈某项工作；

规划一下明天、下周或下月的工作。

这些事情，很多都能在碎片时间里完成。

除了以上所说的"死时间"，我们还有一些比较特殊的"活时间"可以用来做这些事。在相对大一点的工作任务的间隙，做完一个大活儿累了休息时，做某个重要工作不在状态时，都可以见缝插针地处理一下上面的事情。如果你不用碎片时间处理这些事情，最终还是要专门抽时间来完成。

第三节

节省时间：学会这三招，每天节省 2 小时

机械工作，速战速决

有些事要以慢为快，比如阅读、听课，其目的是思考、吸收，而不只是读完、听完。比如规划业务战略，其目的是制定出可以增强竞争力、实现收入目标的战略，而不是简单做完业务。但有些事，你要速战速决。比如机械工作，就应该让机器来做，但因为各种条件限制使其没有实现，还得由人来做，对于这样的事情，就要速战速决。

比如我刚开始做新媒体编辑时，就是个"搬运工"，每天把公众号上的内容复制到今日头条、百家号、QQ 订阅号上，还要统计竞品数据，也就是逐一点开别人的公众号，把他们的阅读量、点赞量等数据填写到表格里。

虽然我们的行业不同、工作不同，但我相信你的工作内容里也一定有很多这种必须要做又不太费脑力的工作吧。那该怎么办？答

案是以最快的速度把这些事情完成，别多浪费一分钟时间！然后把节省出来的时间用在对你的成长更有价值的事情上。

记得当时每天统计竞品数据，我不满于做这个工作需要用半个小时，于是我给自己掐表，每次做都提速一些，最终我做这个工作只需要五六分钟就可以完成。

速战速决，提高工作效率，不是为了早下班，而是为了把时间花在最重要的事情上。做任何事情都是这样。做好一件事的关键在于甄别关键节点，影响一件事成败的关键就在于那几个关键节点，我们要把 80% 的时间投入影响成败的 20% 的关键节点上。时间和注意力，从来都不应该被均匀分配。

大部分人在职场中都要承担一定比例的机械工作。每个人都可以问问自己：在一天 8 小时的工作里，真正产生价值的事有多少？不用太费脑力、无价值的事又浪费了多少时间？我们要养成一个习惯，每天过一遍每日做事清单上的待办事项，查看今天有哪些工作是机械工作，然后在恰当的时间速战速决。

实现标准化、流程化、可复用

什么是真正的勤奋？我在一家牛肉面馆吃饭，服务员小姑娘忙得额头冒汗，上菜时来来回回，不停地喊"36 号！""45 号！""51 号！"……有的顾客就坐在她旁边，她自顾自地喊，但顾客正跟朋友说笑且忘了自己的号。有的顾客的菜没上齐，不断地催她，她被催后去催厨师，总不清楚哪桌的哪个菜还没上，也不知道厨师还需要几分钟把菜做好，她只能来回跑，嗓子都喊哑了……

这不是勤奋。

真正的勤奋，是凡事都设计更好的流程和标准，打造流畅的操作系统。很多餐馆把排队、点餐、结账、标号、制作、取餐等各项环节不断优化，最终能做到忙而不乱，效率翻倍，还不出错。不断优化这些环节，需要投入时间和精力，但很多人懒得做，以致每天都花费更多时间，效率还更低。这应该成为一种工作核心原则。我写课程文稿有一套基本流程，按照基本流程可以让产出效率更高；针对新编辑入职后的培训，我总结迭代了几本可持续复用的学习手册，而不是每次都讲一遍；针对转载文章，我设计了一套工作流程和清晰的判断标准，保证每天能高效稳定地提供内容；针对制定一个账号的发展规划，我有一套基本的推进模板，每次都按模板有序推进；针对上架推广一门新的音频课，我有一套基本的营销流程，只需要每次按需微调。

我们一个月至少举办一期训练营，整个项目需要十几个人配合，事情很多，但我们有非常详细的流程，所以很高效。我们运营私域流量，接待训练营学员，给学员答疑解惑，都有一套基本话术，甚至给书签名、寄送礼物给学员等各种日常工作，我们都有标准流程。

标准是做事的依据，像一把尺子一样规范我们的行为，可以提高做事效率，减少重复工作和返工次数。流程让无论处在哪个环节的每个人都知道自己下一步该做什么，可以提高效率，减少混乱，减少焦虑。流程的复用，有助于做很多事情不用每一次都耗费大量时间，最大限度地减少了重复劳动。为了实现这点，我们只需要花时间注重数据、经验、材料的积累沉淀，不断改善流程。

不断寻找更优方案

不要因为一件事过去总是这样做，就觉得一定要这样做，要经常思考有没有更优的方案——效果同样好甚至更好，但可以节省大量时间的方案。不断迭代工作方法应该成为做事的一种指导原则。

一位网友分享过一个案例，对于服务销售型企业，业务员的时间成本非常高。假设业务员每天奔波，到处见客户，那么一天可能能见的客户组数不超过 4 组。

企业从策略层面找到了更好的方案：将办公室打造成客户体验营，让客户愿意来公司找业务员。这样等于变相地省下了业务员路上的时间，并且将本来花在路上以及在外面喝咖啡、吃饭的钱，花在了提升来到办公室的客户的体验上。于是客户爱上了体验营，并且更愿意来公司，甚至会带他们的朋友来公司。这一举措让业务员每天可以见的客户组数增加了 60% ~ 100%，并且业务员没有在路上奔波，可以在办公室正常工作、休息，接单率大大提升，销售业绩也明显增加。

每个人都要在工作中不断寻找更优方案。我运营视频号后发现，知识类视频最核心的东西是你讲的知识、观点好不好，而不是你的背景设置、剪辑技巧、场景转换、表演能力如何，所以我改变玩法，在保证内容优质的前提下，用最简单的方式拍摄、剪辑并发布，这样每条视频能节省半小时到一小时的时间，而且效果并不打折扣。

我们的公众号是原创大号，每天都有大量的账号申请转载我们的文章，我们要逐一授权，授权一个要2分钟，但是我们一共有十几个群，覆盖几千个账号，每次都要及时授权，一天下来会花费很多时间，但如果不及时授权，有些文章不能及时被转载，我们的损失就更大。后来我们找到一个方案，建一个新的微信群，把所有平均阅读量在5 000以上的账号运营人员拉进来，允许这些账号可以随时申请转载，而对于其他几千个账号的授权则集中处理，每天只授权两次。

对于处理很多工作和生活中的小事的方法，也可以不断迭代。举个例子，比如现在星巴克都有"啡快"，在线点，到店取，其实非常省时间。你一边下楼一边点，到店时咖啡基本做好了，你取走即可。

第四节

时间买手：成为时间买手，学会付费外包

　　很多厉害的人上台发言时，一般都会感谢很多人。这是为什么呢？越厉害的人，做事越靠别人；事业越大，靠的人越多。最厉害的时间管理达人是那些优秀的创业者和企业家，他们不光善于管理自己的时间，还擅长管理别人的时间。他们是优秀的"时间买手"，购买几十、上百甚至成千上万人的时间，让别人为自己工作。

　　不是每个人都可以成为企业家，但人人都可以成为时间买手。钱花了可以再赚，时间流逝了却不可逆转，时间买手就是以无限买有限。时间管理的核心定律是：一定要学会花钱买时间，学会外包给别人，能花钱的就少花时间。

成为时间买手

　　凡事亲力亲为，很多人都拿这句话嘲笑职场里不擅长管理的管理者。每个人都应该是自己人生的 CEO，你是否也困在了凡事亲力

亲为里？有个朋友搬家，周末搬了两天还没搬完，周一又请假收拾了一天。其实她一个人住，没多少东西要搬，租的房子里的大多数家具也不用搬，所以搬了 3 天还没搬完大概率是因为她没有请搬家公司。我专门问她，搬家距离多远，搬家花了多少钱。她说 7 千米，花了 150 元。花 150 元在北京搬个家，说明她只在运输工具上花了钱。

搬家这件事，最难省出时间的一环就是运输。搬家费时间的部分是前期准备：先要网购各种型号的纸箱子、收纳袋、胶带；然后现场打包，分门别类地收纳，有些易碎的东西需要保护性收纳，有些需要拆装；最后一箱一袋地封装，很多时候还要做记号。搬完后要打扫旧房子的卫生，然后在新房子逐一拆箱，整理摆放，打扫新房子的卫生。

现在的搬家公司可提供包装工具、打包服务、拆装服务、防护服务、搬运服务、还原服务、保洁服务等。有些还提供远程搬家服务和直播服务，你可以在办公室里边工作边看直播搬家。你可以合理配置预算，选择服务。

我搬家时用的精搬服务，提前不用准备，全程不用动手，师傅们都是经过专业培训的，他们把物件搬到新家后再还原整理好。我家里的东西特别多，但师傅们仅仅用了半天就全部搬完，而且我几乎没怎么自己动手。每个人都可以给自己的时间定价，假设你在北京的月薪是 10 000 ~ 15 000 元，那么一天时间就值 500 ~ 700 元，拿出 500 元搬家是非常合理的。自己搬家，除了费时，还心累，所以花钱搬家是非常划算的选择。

我们通过付费可以节省时间、精力、心力、体力，从消耗时间变成投资时间。一个人的时间总量不变，一天 24 小时是任何人无法突破的极限，我们要做的是如何更好地分配这 24 小时。成为时间买手，让别人的时间成为自己的时间。

学会付费外包

知道了"时间买手"这个概念后，你会发现很多事是可以付费外包的，从此你便能拥有更多的时间。

接下来，我总结归类一下哪些事情可以付费外包，以便让你能更好地实践。

第一，不值得花时间的事情。如果你有不错的赚钱能力，那么搬家、打扫卫生、洗衣洗鞋等这些事，可能都不值得你自己花时间做；取送东西可以用同城速递、跑腿、代购，不值得花时间专门去送；很多事情都有代办服务，可能就不值得你亲自做，比如我买摩托时交钱让 4S 店代办居住证、车牌等。总之，只要你自己花时间做这件事不如外包给别人做更划算，那就别自己做。

第二，不擅长的事情。每个人再厉害，也只是限定于某些领域或某些专业上，不可能样样精通。但偏偏在工作和生活中，我们会遇到各种事情，我们会发现自己能力范围外的事情最耗时间。做

PPT 对我来说就很耗时间，而且我总是做不好，我干脆每次都外包出去，把节省下来的时间用在自己擅长的事情上，比如写课程文稿。在工作和生活中，你不擅长的事，千万不要自己扛，你花 3 小时苦思冥想，可能别人花 3 分钟就给你解决了。

比如在生活中，我会在网上下单，请人来家里擦外墙玻璃、洗油烟机、清洁纱窗、修门窗、打孔安装东西。很多人不知道，你甚至可以在网上下单，请别人来你家做一顿饭，还顺带帮你打扫一下厨房。你还可以在网上下单，请搬运工来家里抬重物，我有个超大的鱼缸就是在网上下单，找人帮我从客厅挪到书房的。这个时代，只要是能想到的服务，都有人在提供。思路改变出路，别凡事都想自己搞定，我们不是全能的。

我创业后，公司注册、办公室租赁、五险一金的缴纳、工资税务核算等都不是我擅长的，所以我都把它们外包了，后来公司遇到一些版权问题、商标问题，因为自己并不擅长处理这些，所以我也选择了付费外包服务，选择了一个律师长期合作。

第三，不喜欢的事情。有人不喜欢做饭，那就叫外卖，或者请阿姨做饭；有人不喜欢打扫、整理，那就请保洁和整理师；有人买了好车却不喜欢开，就请司机；有人不喜欢洗车，那就花钱洗车；有人不喜欢洗碗，那就买个洗碗机。对于很多事情，你要分清楚喜欢和不喜欢，比如喜欢做饭，但不喜欢买食材，不喜欢饭后收拾卫生，那你可以请人去买食材，自己享受做饭的乐趣，饭后请保洁阿姨收拾。

第四，升级服务就可以提高效率的事情。2010年我从山东到北京读大学，买的硬座车票，在车上过夜，又累又困，什么也做不了，第二天还头疼。后来经济条件改善了，我可以买高铁二等座，能好好坐着休息了。现在经济条件不错，坐高铁可以买商务座，安静，空间大，坐可工作，卧可休息，还能享受端水送餐的服务。表面上我买的是服务，实质上我买的是休息时间，为了让自己休息得更好，以保持更好的精力，提高工作效率。

我经常做知识分享，分享完后需要将语音转为文字，于是我就花几千元买了专门的智能转换本，其转换速度快，准确率高，每次能节省出很多时间。对于很多事情，只要多付费，升级服务，就可以提高效率。

第五，学习成长上的事情。买书、买音频课、进付费社群、参加线下课、请私教、请顾问、付费提问、付费咨询等，这些都是更重要的花钱买时间的事情。最好的进步方式就是站在高手的肩膀上学习。不管你想提升哪个领域的哪项能力，基本上很多高手都愿意收费让你踩肩膀，你要做的就是拿着预算找合适的肩膀。

关于升级服务和学习成长，我还有个认知：敢买贵的，成为重要性投资。买贵的，你会心疼，会提升这件事在自己心目中的重要性，越重要你就越会认真对待。当然，贵都是相对的，买贵的是指根据你的收入状况，在不会影响你的正常生活前提下，购买真的不便宜，但你不至于说放弃就放弃的东西。注意一定要认真选，不要浪费钱。一个人在学习成长上敢花钱，是很好的事。

第六，工作事业上的事情。这个时代的很多人都有副业，收入可预期。这时候一定要不断研究，哪些事可以外包出去，从而让自己的时间花在更有价值的事上。比如运营自己的公众号、短视频账号时，你可以招一个兼职员工，让他做编辑、排版、运营等工作；比如你业余时间做讲师、咨询师，可以招一个兼职商务，所有的线上对接等工作都让他帮你做；比如你每天要制作一条短视频，可以招一个兼职剪辑，让他每天帮你制作等。

解除认知封锁

很多人做不了时间买手，因为他们被认知封锁了，甚至在听到这个话题时，他们就立起一道认知屏障：花钱买时间，前提是有钱！我钱不够花，但我时间够花！这都不自己做，太懒了吧！

相比于花钱买时间，很多人反而认为自己亲自做了才是赚到了，比如自己搬家，感觉赚了300元。很多人觉得买实实在在的东西，肯定比买时间划算，至少拿在手里有东西。这就是认知封锁。

要想成为合格的时间买手，必须先解除认知封锁。你可以给自己的时间标价，算出时薪、日薪。

如果你的月薪是5 000元，你的时薪大概是28元，日薪是

230 元；

如果你的月薪是 8 000 元，你的时薪大概是 45 元，日薪是 360 元；

如果你的月薪是 1.5 万元，你的时薪大概是 85 元，日薪是 680 元；

如果你的月薪是 3 万元，你的时薪大概是 170 元，日薪是 1 360 元；

如果你的年薪是 100 万元，你的时薪大概是 475 元，日薪是 3 800 元。

时间买手应基于性价比进行判断。如果月薪为 8 000 元，肯定不建议买飞机公务舱、高铁商务座的票，住五星级酒店，因为省下的时间赚不回花的钱；搬家也不建议购买精搬服务，但可以花钱买打包服务，别自己折腾一天还搬不完。

知道自己的日薪后，哪些事上花钱买时间划算，哪些不划算，一比即知，根本不用纠结。比如在学习成长上，月薪 8 000 元的人用日薪可以买两门音频课，用 2 ~ 3 天的薪水可以参加一个训练营；月薪 1.5 万元的人，除了线下课，基本可以实现线上学习自由，拿出 2 天的薪水，可以无压力地购买大部分的付费社群课、训练营、音频课；月薪 3 万元的人，在线下课学习上就会比较自由。

比如在生活便利上，一线城市月薪 1.5 万元的人，可以花钱买通勤时间，比如每月用 3 000 元在公司附近租房住；月薪 3 万元的人，可以花钱买出行上的舒适，比如打车上下班，而不再挤地铁和公交。

时间买手也要学会基于优先级进行交易。比如，月薪 8 000 元的人，不建议优先买通勤时间，建议优先买学习服务，买课程、进社群、参加训练营。在这个阶段，你要学会不舒适地省时间。有钱人花钱买通勤时间，你则要学会在通勤路上戴耳机听课、读书，以省时间。

问题来了，为了省时间，出门不坐地铁而是打车，但省下来的时间你没工作、没学习，而是打游戏、追综艺、看八卦新闻，这种时间账怎么算？如果你的月薪为 3 万元，你这是花钱买舒服，不是花钱买时间，你是享受买手，不是时间买手。不管你收入多少，你都可以做一个时间买手，规划适合自己的时间交易。时间买手的工作就是通过合理规划，用部分金钱购买部分时间，用买来的时间创造更多价值。

第七章

告别顽疾：
消除顽疾，成为时间管理高手

第一节

拖延：有"拖延症"怎么办

我有重度的拖延习惯，但我并没刻意解决它。这是为什么呢？举几个例子。

案例 1：我开设的课程从周一到周五，每天都需要更新一节。在应该更新的日子，我从未拖延，因为这是我对学员的承诺。如果哪怕断更一次，我的品牌形象在学员心里都会大打折扣。购买课程的人都是我最在意的铁杆儿用户，因此我定不能辜负他们。

案例 2：我们每个月会投放一些广告，引流做写作公开课直播，并在直播间里卖写作训练营的课程。每次直播都是晚上 8 点准时开始，我绝对不会出现在晚上 8 点 5 分还没进直播间的情况。因为广告投入是真金白银，单次投放费用甚至超过 10 万元，为了回本，我必须要在直播间卖出一定数量的训练营课程。在这种情况下，我敢拖延吗？

案例 3：我在一周前想到一个很好的文章选题，计划上周末写完，结果拖到现在还没开始写。因为即使拖到了现在，甚至拖到最后不了了之，对我也没有造成太大的影响。我既没有对学员做出承诺，也没人付钱督促我写，因此在这件事上拖延，我不会有什么损失。

案例 4：我几乎每个月都会选择几本值得看的好书，并计划无论如何都得看完。但遗憾的是，我几乎每个月都完不成计划，总是一拖再拖，到月底能读完的书不到计划的一半。因为无法完成读书计划既不会让我的公司倒闭，也不会让我身败名裂，对我的公司的发展和个人名誉都不会造成消极影响。

面对真正不允许拖延的事情，我一定会按时完成。因为在这些事情上的拖延，意味着损失，而人是极度厌恶损失的。这很符合人性。所以，凡是允许拖延的事情，可以允许自己拖延，因为人的时间和精力有限，当然要先完成绝对不允许拖延的事。

因此，面对"拖延症"，我的心态很好，也觉得无须刻意解决它。

拖延不等于效率低

拖延等于效率低吗？答案是不等于。拖延指的是把事情拖到后面做，拖到不得不做的时候做，而且往往跟一件事的起止时间有关；效率指的是单位时间内完成事情的数量，或者做事的速度。我的拖延反而让我的做事效率很高。因此，在我看来，善用拖延，是一种高效安排时间的手段。

假设你手头上有两项任务需要完成，A任务需要在两天后提交，B任务需要在三天后提交，你怎么安排时间最好呢？很多人会想，那肯定是先做A再做B。这其实不对。一个合理的办法是，先预估自己完成各项任务需要的时间，然后从每项任务的截止日期倒推出必须开始的时间。这样你就能知道自己最晚开始每项任务的时间点。

再比如，今天是周一，你的任务是在周五晚上10点22分前写完一篇文章。如果你从周一开始写，很可能拖拖拉拉直到周五晚上10点22分才写完。这就是典型的"终点不拖延，过程很拖延"现象。

因此，在时间安排上，你应该先预估自己完成任务的能力，并评估以最高效率完成任务需要多长时间，然后从截止时间往前推，推算出你的任务开始时间。

切记，不要提前开始。从开始时间到截止时间，就是你的任务完成周期。在任务完成周期内，你的效率会处在爆发状态。

所以在处理大部分事情时，我都是拖到不得不做时再开始做。再拿课程的更新举例，虽然我每个工作日都需要按时更新课程，但我基本上不会提前写完。比如今天要更新课程，我不太可能从昨天就开始写，往往都是今天早上6点左右起床，然后开始搜集资料，研究分析，到公司后先把需要我处理的事情处理完，上午10点左右正式开始写。如果写作顺利，我基本上在下午2点就能完稿；如果不顺利，也能在下午 6 点前完稿。周末不更新课程，我在周末也一般不会提前写稿，除非我的每日做事清单上显示周一、周二有别的耗时较长的项目需要处理，我才会破例利用周末的空闲时间提前写好稿子。很多人为这种拖延感到焦虑和自责，其实可以把它当作提高效率、节省时间的手段。

拖延完不成即罪恶

对于工作，最重要的原则是"按时完成"，至于拖不拖延，其实并不重要。比如对于学员，我只要按时更新课程就行，他们不需要关心我什么时候开始写，以及什么时候完成。我虽然有严重的"拖延症"，但是只要涉及需要按时完成的事情，我基本上都能完成，所以拖延于我并不是一个需要改掉的问题，而且它还具有前文提到的益处。如果你因为有"拖延症"，很多事情经常不能按时完成，那么你确实需要引起重视，做出改变。你需要分析的是：我为什么经常不能按时完成任务？关于这点，我总结出如下原因。

不能准确估算完成一项工作所需要的时间，而且经常出现低估的情况。比如，领导要求你写一份活动营销方案，周五晚上之前提交。你估算自己只需要一天就能完成，于是从周五上午才开始写，但写到下午你才发现，自己需要两天才能完成这个方案。这时候，你可能会自我反思："唉！都怪我拖延，早两天写不就好了。"这属于归因错误，如果时间估算准确，你完成这项工作真的只需要一天，那么你应该从周五上午开始做，而不是周三就开始做。以上问题的根源不在于拖延，而在于你对完成工作需要的时间估算不准。

如果你属于这种类型，那么你需要增强自己制作每日做事清单的能力，即你把一件事写进每日做事清单前，都要认真拆分、评估完成这件事所需要的准确时间。你可以养成记录时间消耗、分析时间消耗的习惯，用以提升自己的时间估算能力。比如我通过记录时间消耗后，才发现自己从走出家门到车库，并把车从车库开出来，需要 8 分钟以上的时间，而我以前一直以为只需要三四分钟就够了。

对自己的能力评估不准，而且经常出现高估的情况。有个创业者朋友跟我吐槽，说他有个员工经常不能按时完成工作。比如让他制作产品的淘宝详情页，他承诺下班前一定做好，结果加班到晚上 11 点都完不成。在其他工作中他也经常如此。在聊天中他这样评价这个员工："他经常不能准确评估自己的能力，比如有时候完成一项工作，我自己都需要 3 小时，他却承诺说自己只需要 2 小时就能搞定，结果花了 5 小时依旧完不成。"

第二个原因和第一个原因往往同时发挥作用。通过制作每日做事清单，也能解决这类问题。比如我经常记录、分析自己写一篇文章需要多长时间，制作一条 1 分钟的短视频需要多长时间，制作一条 10 分钟的长视频需要多长时间。记录、分析得多了，就能准确评估完成工作所需的时间和自己的能力，知道应该如何安排时间。

长周期全局规划能力不够，时间安排不合理，造成工作扎堆。

举例来说，有个任务需要你周四晚上完成，而完成这个任务需要花费半天时间，所以你计划周四开始做。但到周四时你发现，你有几件需要半天时间完成的任务都攒到了这一天，或者突然出现了其他不得不在今天完成的工作，导致每个任务都无法按时完成，而周三和周五两天你都很空闲。这就是缺乏全局规划能力的表现——你只是在单一地规划某件事，没有合理地把所有事情放在同一条时间流里进行综合安排。

前文提到的每日做事清单，我建议至少坚持写一个月，要学会把重要但不紧急的事拆解、填写到每日做事清单，这样有助于提升我们的全局规划能力。你只有把这些行为培养成习惯，才能保证每件事都能在不得不去做时开始做，并在截止时间前按时完成，有条不紊，忙而不乱。

因为习惯性追求完美，经常拖到截止时间后才完成。如果你有这种情况，那么你需要改变认知。你的潜在认知可能是：做好比按时完成更重要。这是一种非常错误的认知。事实上，做好和按时完成都很重要，但按时完成的优先级一定大于做好。做好是种能力，这种能力可以通过实践不断增强；而按时完成是承诺，是信用，是声誉。

曾经有个编辑，论能力她算是优秀的，但她承诺什么时候报选题，周几完成稿子，一个月写完几篇，大多数都兑现不了，最终导致她在我心里的形象崩塌，我不再相信她的任何承诺。你可以有拖延的习惯，但要学会对自己的承诺负责，必须在截止时间前完成任务，即便不完美。

做事经常没有明确的截止时间和奖惩制度。《黑镜》的编剧查理·布洛克说："不要谈什么天分、运气，你需要的是一个截稿日，以及一个不交稿就能打爆你头的人。"这句话涉及的就是明确的截止时间和奖惩制度。

很多人做事情时习惯一拖再拖，这可能跟制订计划时没有明确的截止时间有关。比如"下个月要做一次招聘"，具体是下个月的哪一天呢？这样的计划缺乏明确的截止时间，结果可能会拖到月底。此外，如果一件事的执行缺乏奖惩制度，那执行者的动力会锐减。

我们公司之前有个同事老是迟到，有次甚至迟到了20分钟，他到公司后跟我道歉，并承诺以后一定不会迟到。结果第二天又迟到了。针对他的迟到问题，我找他谈话。通过追问，他说了两个本质原因，其中一个就是迟到了也没关系，又不扣钱。然后我给他提了个建议，我说："我也不想扣大家的钱，但你可以自我要求，比如你只要迟到，就在公司群里发个大红包并标明是'迟到红包'。"结果自那以后，他一次也没迟到过。

当我们认为按时完成一件事情并不重要时，拖延是必然的，因为它理应被拖延。人的自控力不值得信任，所以在完成任务时，制定明确的截止时间和奖惩制度，就会有一个强制性的外力，驱动自己按时完成。

　　所以，拖延是不是个问题的核心在于你是否能按时完成任务。只要你每次能按时完成，行动上是否拖延并没有关系，至于工作过程中拖拖拉拉、速度慢、经常做不好等，主要是效率和执行力的问题。

第二节

执行力：执行力差怎么办

清晰定义问题，是解决问题的前提。我们虽然经常说"执行力"这个词，但其实很多人对其缺乏清晰的定义。比如有人说，"我执行力不行，做事经常拖延""我执行力不行，做事比较慢"，前者是拖延问题，后者是效率问题。那执行力到底是什么？

执行力到底是什么

电影《社交网络》讲述的是扎克伯格创立脸书的经历。有天晚上，被女友甩了的扎克伯格很生气，晚上 8 点 13 分回到宿舍后他一边喝酒一边在网上发帖，创建一个社交网站的想法突然在他脑海中闪过。很多人的脑海中也经常蹦出这类想法。如果是你，你会怎么做？你或许会为自己突然迸发的创意沾沾自喜，然后就不了了之了。

而扎克伯格是怎么做的？晚上 10 点 17 分，他放下酒瓶，开始写代码。凌晨 2 点 8 分，同学提供了算法公式。随后，产品上线。

所以，执行力到底是什么？很简单，执行力，就是把想法变成行动，拿到结果的能力。你有很多好想法，但很少将其变成行动，这就是执行力差的表现。像扎克伯格这样的人，经常能把想法变成行动，体现出的是一流的执行力。更接地气地说，执行力差就是光想不干，光说不做。我们可以反思一下，是不是经常有很多各种各样的好想法，但大部分都只是停留在想的阶段，很少能落实到行动上。

我曾在直播时说过一个观点：成为一个领域的前 1%、1‰，需要运气、机遇、天赋等，但要成为前 20%，需要的主要是认知、执行和勤奋。如果你做不到，要么是认知不够，要么是执行力差，要么就是太懒。这个时代赚钱的机会很多，但很多人赚不到钱，主要是因为执行力太差。为什么三五年过去了，很多人的人生没有多少变化？因为他们光想不干，靠惯性前进，自然只能维持现状。

什么原因导致执行力差

有人想尝试运营视频号，想了半年连账号都没注册；有人想学会弹吉他，想了一年连吉他都没买；有人想辞职换工作，说了 3 年也还没挪动半步；有人想了 10 个营销方案，结果半个都没试一试；等等。这些都是执行力差的体现。那么执行力差，一般是什么原因导致的？我认为有以下四个原因。

第一个原因，还没开始做，就把想法否定了。很多人没有把想法落实，是因为刚有想法时觉得可行，但后来经过思考后又觉得这个想法很可笑。

比如有人晚上睡觉前认为运营视频号是个好的副业，应该赶紧尝试，通过拍视频、做直播、卖东西，很有可能走向人生巅峰。结果第二天醒来就把昨晚的想法否定了，觉得现在的人都爱玩抖音、快手，视频号不受欢迎，因此不值得做。

比如有人觉得自己应该好好减肥，通过健身得到傲人的身材，然后开始做规划。结果三天后突然觉得，费劲做这些有什么用，自己又不是明星，身材不好又不影响自己的工作和生活，于是放弃了这个想法。

第二个原因，还没开始做，就把自己否定了。有些人常觉得想法挺好，但自己不行，因此不去执行。比如有人觉得运营视频号是个好的副业，但不属于自己，于是试都不试就放弃了；有人觉得减肥健身很有必要，但自己做不到，于是试都不试就放弃了。

第三个原因，一直在准备，从来没开始。有些人常常觉得想法靠谱，也相信自己可以做到，但一直在准备，总认为自己还没有准备好，总认为应该准备好了再开始，所以从来没开始。

第四个原因，只有想法，没有计划。最容易执行的事是具体的、限时的、动作性的。如果你只有一个模糊的想法，确实很难执行。只有想法，没有计划，就相当于没有对目标进行拆分，当然就谈不上具体、限时和动作性了。

如何增强执行力

我算是个执行力很强的人。

2020 年 2 月底,我认为运营视频号是个很好的副业,马上就注册账号更新了第一条视频,一直运营到现在;

2020 年 6 月,我想来一场摩托车旅行,然后就出发了,从北京一路骑到广西柳州;

2020 年 9 月底,我想在北京买房,10 月 1 日就开始看房,11 月就把房子买了;

2021 年 3 月中旬,我觉得用视频号发布长视频卖课值得尝试,于是 3 月 15 日,新课程上线当晚就尝试用视频号发布长视频卖课,那条长视频累计成交十几万元,之后我就开始持续发布长视频;

2021 年 3 月底,我认为视频号直播值得尝试,当月就做了一场直播,课程收入超 6 万元。

那么我是如何增强执行力的?分享以下四点经验。

第一,用鲁莽定律开局,先做再考虑靠不靠谱。很多人在人生的很多阶段,本来有能做成一些事的机会,结果在反复评估和漫长的纠结中让时间溜走,让机会变成别人的,最终追悔莫及。反而很多做成事的人在开始做某件事时胜算可能并不大,但他们敢想敢做,就这么做成了。做大事者不纠结,成大器者不犹豫。所谓鲁莽定律,就是指做事时不瞻前顾后,主动迈出第一步,先尝试着去做,在做的过程中验证想法、解决问题。那些"莽撞"的人，反而更容易赢，先做起来，才能知道想法靠不靠谱，才能一步一步逼近成功。当然，很多想法在行动中会被证明是不靠谱的，但这才是正常的。人生本就有很多条路，你试着往前走，发现路走不通，你就换一条再试，最终总会找到属于你的对的路。

我过去用鲁莽定律开局，很多想法被证明是靠谱的，但也有很多想法被证明是不靠谱的，比如去年我做职场沟通与写作训练营，做废了，停掉了；我做视频号掘金社群，做废了；我今年尝试做微博写作训练营，最后也发现行不通，停掉了。我做成的、没做成的事情，在做之前我都觉得具有成功的可能性，但我并没有 100% 的把握，只有做，才能知道答案。如果我们只做 100% 确定能做成的事，基本上就难以做成任何事，因为世界上几乎没有 100% 会成功的事。

第二，不要一上来就定大目标，先从小目标开始。很多人把目标定得太高，想法太宏大，真的开始做时又把自己吓退了，把自己否定了。比如减肥，如果你的目标是 3 个月减 15 千克，你很容易就会放弃，因为目标定得太高了。你可以先定个小目标，比如从今天起花一个星期时间瘦 0.5 千克，没准你 5 天就做到了。减完第一个0.5 千克，你发现这件事没那么难，或许你就能坚持下去了。

很多人向我请教做副业赚钱的方法，我会给他们讲怎么运营公众号，怎么写稿赚钱，怎么做社群，怎么设计课程，怎么做咨询，等等。他们会觉得这太难了。这时候我往往建议他们别把目标定得太高，不要一上来就向行业领军人物看齐，可以定个小目标：比如运营一个收费社群，先尝试招到 100 人；做咨询，先努力争取一周内搞定第一个付费客户，而不是想着怎么源源不断地获得客户；做直播，先尝试做一场 100 人看的直播；写作，先别去想怎么写2 000 字的文章，甚至是为出书焦虑，而是定个每天写 300 字的小目标，先坚持一周……

先定小目标，先做起来，收到第一个正反馈后，就可以继续执行了。

第三，你永远不会准备好，先做再迭代、优化。开始一场长途摩托车旅行需要做好哪些准备？要提前查资料，确定哪些城市限摩、哪些不限；要提前规划好路线，确定哪天到哪个城市、住在哪里；要掌握基本的修车技能，带好常用工具；要准备雨天装备，以备雨天骑行；要弄清楚山路、国道、乡道骑行的注意事项……如果把这些都准备好才能出发，我就出发不了了。

我去年想出发的时候，第二天上午去给新车做了检查保养，当晚就从北京出发了，凌晨就骑到了天津，后来一路南下，一直骑到广西柳州。说实话，我没敢做准备，我怕准备着、准备着就泡汤了。我的人生好不容易有个冲动，一定要付诸实践。所以我买的全景相机快递都还没送达我就出发了，到了天津发现好多该带的东西都没带，需要寄来或者去买。但其实这些都不重要，重要的是我开始了，路上缺什么，我再买就行，至于需要学什么安全知识，等需要了我再学就行。

我运营视频号时也是有想法就马上行动。拍第一条视频时，灯光、背景这些都没布置好，也没想好到底要制作什么类型的视频，那时我也还很胖，但我不能等减肥成功再开始啊。准备太多，就容易做不成。而一旦开干后，你就开始了"怎么干好"的优化，进入迭代模式，每多干一步就向成功靠近了一步，因为问题都是在做事的过程中一个一个被解决的。

第四，凡事习惯列计划，尽管你不必严格遵循计划。列计划，无须很细致，也无须很靠谱。你只需要列一个大概的计划就行，规划你先做什么，再做什么，然后做什么……需要注意的是，一定要给每件事确定一个大致的时间节点，即什么时间一定要开始做什么、完成什么。

你列出这样的一个计划后，事情就变成可执行的了。比如你想尝试运营小红书账号，你就可以简单地列个计划，比如"我这周三先把账号注册了，周末两天先梳理出 20 个我想做的领域的优秀账号，分析学习"。你甚至都不一定非得列第三步、第四步计划，仅仅有这两步，就能让事情变得清晰具体、限时、有动作性了，就很容易执行。

但如果你连这两步计划都没列，它就真的只是一个想法。

如果你能做到以上四点，你的执行力就会增强很多。

三流的想法加上一流的执行力，胜过一流的想法加上三流的执行力。

一念既起，便应拼尽全力。

第三节

作息：早睡早起难怎么办

早睡早起难，这是很多人的心声。但我想说，早睡早起是可以做到的，除非你不想。

早睡早起并不会减少可利用的时间

每当我主张要早睡时，很多人就会反驳："工作那么多，事情那么多，每天忙完都到凌晨了，还想再看看书、听听课或者看看朋友圈放松一下，怎么可能早睡？"这个说法的逻辑是：我本来要到晚上12点才能忙完一天的事，你现在让我10点睡，我不就少了2小时的时间吗？那我该做的事不就做不完了？我也就没时间看书、听课学习了。但事实上，早睡早起只是把睡觉时间整体前移了，我们并没有睡得更多，这就意味着我们睡觉之外的可利用的时间并没有减少，只不过我们把一部分事情挪到了早上做。所以只要你把早上多出来的时间利用起来，你的时间就丝毫没有减少，你的工作和学习也不会被耽误。

假设你每天睡 7 小时：本来是凌晨 1 点睡，早上 8 点起床；现在变成晚上 10 点睡，早上 5 点起床。虽然晚上可利用的时间少了 3 小时，但早上可利用的时间多了 3 小时，你只是在时间规划上把一部分事情挪到了早上来做。

以前我常常在睡前阅读、学习，是典型的"熬夜党"，在凌晨后才睡觉。但现在我改变了作息规律，开始早睡早起，把阅读、学习、写稿等事情挪到早上来做。

从 2010 年到 2020 年，我熬夜 10 年；自 2020 年 8 月起，我开始尝试早睡早起，现在我的作息规律彻底扭转过来，我的工作、学习状态比以前更好。以前我坚称自己为"夜型人"，但我现在发现其实并不是，熬夜只是我的习惯。当我习惯了早睡，我的状态反而更好。

早睡早起的作用

首先，我们要对早睡早起这件事建立正确的认知。

早睡早起并不会让可利用的时间变多。早睡早起不会让可利用的时间变少，但也不会变多。有部分人会觉得早睡早起让时间变多了，其实并没有，只是把睡眠时间整体前移了。

早睡早起并不会直接改变你的人生。熬夜也并不会让你的人生失败，不会耽误你发展事业。我在 2020 年前的整整 10 年里都是

"熬夜党"，但这并没有耽误我的事业。反过来，早睡早起不会直接让你的生活、工作发生大的变化，甚至可以说它本身不会让你变得更成功。希望你能够认识到这点，理性看待早睡早起这件事，它不是拯救你人生的良药。即便你做不到，也没有那么可怕。

接下来，我阐述一下早睡早起的好处。

第一，有利于身体健康。就我个人而言，如果不考虑健康问题，我可能会长期保持熬夜的习惯。我们无须学习那些专业的医学知识，仅凭本能和生活常识就能清楚熬夜不利于身体健康。2020年，我刚好30岁，我希望保持身体健康，这是我早睡早起的核心原因。

坚持早睡早起半年多后，我确实明显感觉到自己的身体和精神状态都更好了。过去10年，我的背上和脸上一直长痘，怎么调理都没用，但坚持早睡早起两个多月后，基本都好了，尤其是背上的皮肤比以前好多了，而且我的黑眼圈问题也有了改善。

坚持早睡早起有助于保证饮食的健康，减肥也变得容易许多。试想，熬夜的人有几个在晚上能不吃东西、不喝东西的？人在熬夜饿了时就会想要吃刺激性的食物，比如油腻的、辣的、甜的等，所以熬夜和变胖是联系在一起的。而早上起床后很少有人有食欲想吃这些食物，因此坚持早睡早起更容易保证健康饮食。

第二，早起时间相对来说更私人。相比于晚上的时间来说，早起后的时间更私人、更自由。如果你有熬夜的习惯，你可能会有这样的体会，就是晚上9~11点，甚至到凌晨，会一直有人找你，给你发信息。而且很多微信群也往往在睡前更热闹，你可能会忍不住参与讨论，即便不参与也会忍不住打开看。

根据我个人的经验，我发现早起后几乎没有人会在早上六七点找我，各种工作群、社交群也很安静。这使我早起后更容易安心地阅读、学习，做一些需要保持专注的事情，比如写课程文稿。

第三，早睡早起，更容易形成规律的作息。熬夜是没有计划性的，很少有人会给熬夜定一个时间点，比如熬到几点。熬夜的人往往都是熬到太困了、头疼了、眼睛快睁不开了才睡觉。所以他们有时熬到零点睡，有时熬到1点、2点睡，有时甚至为了完成某件事情而熬通宵。

熬夜带来的是作息的不规律、生物钟混乱，有时即便睡够了7小时，也没有精气神。而早睡早起的人往往会有明确的睡觉时间和起床时间，这使生物钟变得规律，睡眠质量也会更高。所以以前熬夜时，我有时候睡上八九个小时还是困，但养成早睡早起的习惯后，每天睡够7小时就会精力充沛。

第四，周末的时间，会利用得更好。如果你习惯熬夜，在周末不用上班时，你可能就会熬得更晚，第二天更容易赖床，在中午甚至中午以后起床，而且起床后精神状态也不好。那么，周末两天时间常常就会被浪费。

我养成了早睡早起的习惯后，在周末也会早起，并且毫不困难，跟工作日一样。这样，我每周都有两天时间比别人利用得更好。一年加起来差不多 100 天。如此一算，早睡早起的人有多么可观的时间收获啊！

难以早睡早起的原因及破解方法

难以早睡早起的核心原因其实就一个：早上起不来，晚上睡不着。

为什么早上起不来？

"你早晨 6 点起床吧。"

"我凌晨 1 点才睡，根本起不来啊！"

"那你可以早睡，这样就可以睡饱了。"

"可我晚上不困，睡不着。"

"为什么不困？"

"我早晨起得晚，休息得很充分。我得到凌晨才有困意。"

你看，这其实是一个死循环。当你开始尝试早睡早起后，其实就是在推翻这个死循环。但大多数人都不能成功推翻，这是为什么呢？

第一，突然早起毁一天。即使你可以扛着困意努力早起，也会导致你白天一整天都毫无精神。这是为什么？因为你缺觉。

第二，偶然早起并不能马上让睡意早来。你今天早起了，整个白天都很困，你以为到晚上肯定能早睡了，但神奇的是，晚上你又没那么困了，于是又熬夜。这是为什么？因为生物钟。

第三，突然早起两天也并不会让第三天就能自然早起。你连续早起两天后，第三天依旧不能自然早起，还需要努力，甚至第四天、第五天依旧如此。这是为什么？还是因为生物钟。

所以很多人的早睡早起计划注定要失败，怎么破解呢？

第一，改变生物钟需要持续性。人体的生物钟体现了身体的活动习惯。习惯不是一天养成的，也不是做出几天改变就能推翻的。所以想要改变身体的活动习惯，你要做好咬牙坚持两周以上的准备。改变的行为要具有持续性，如果你坚持早睡早起 5 天了，周末又熬夜晚起一次，那么生物钟马上被打回原形，因为新习惯还没稳定就被打乱了。

第二，把早睡当成一个真正的目标而非想法去执行。比如你下定决心要养成晚上 10 点睡觉的习惯，你就可以倒推出上床的时间、洗漱的时间以及其他的行动时间。比如你需要晚上 9 点 30 分上床，那么 9 点 20 分就要洗漱完毕，9 点 10 分就要回到家。如果下班回家需要花半个小时，那就意味着你需要在 8 点 40 分下班。

这才是真正的有目标、可执行。最好的做法是，给这几个行动时间点设置提醒闹钟，如果能够在每日做事清单上列出来更好。只要你按照每日做事清单执行，就能保证 9 点 30 分上床，10 点钟早睡的目标也就更容易达成了。

第三，不要带手机到卧室，这一点必须坚决落实。在你调整生物钟、养成新的身体活动习惯时，请不要高估自己的自控力。如果你带手机到卧室，你的行动计划几乎会 100% 失败。你坚持一天不看、两天不看，第三天就可能一下子玩手机玩两个小时，那就功亏一篑了。

第四，熬过去。刚开始调整生物钟时，你一定是睡不着的。这时候不要从床上起来，不要看书，不要睁着眼对着窗外发呆，就闭着眼熬，直到睡着。刚开始几天这么做一定很痛苦，但熬过去一周后，你就会发现越来越容易入睡了。

第五，开始时强制早起。刚开始执行早睡早起计划时，晚上即使你早早地躺在床上，也会花费很长时间入睡，所以真正的睡眠时间可能并不充足。这个阶段早起也一定很困难，因为睡眠不足，这时必须强制早起。

闹钟的摆放位置很关键。如果你把闹钟放在枕头旁，即便定了 10 个闹钟，你也可能会关掉。在早上困得睁不开眼时，闹钟响了，你的本能反应就是关掉闹钟。所以，一定要把闹钟放在客厅，如果你不起，它就一直响，吵到你不得不起来去客厅关闹钟，这就成功了一半。切记，关了闹钟后千万别回卧室了，回去就让努力付诸东流了。

那怎么办？待在客厅里，也无须立马开始工作、学习。这时的你一定很困，需要做点事情让自己熬过这段时间，比如你可以动起来，冲杯咖啡，泡杯茶，追个剧，做点不费脑力的事情，熬到该去上班的时间。早点洗漱也是个不错的选择，洗漱可以让你清醒，出门散步也可以作为一种选择。

第六，白天不要睡大觉，困也要扛住。刚开始早起时，你在白天肯定很困，所以要想办法扛过这个难挨的阶段。你可以喝杯咖啡，或者运动运动，或者洗把脸，等等。但是，一定别睡大觉，一旦你中午或者下午补了一两个小时觉，到了晚上肯定就睡意全无了。所以白天觉得困是好事，坚持别睡，一直坚持到晚上上床再睡。坚持一段时间后，一到晚上该入睡的时间，你的困意就来了。

将以上 6 点持续坚持两周，你会觉得早睡早起不再痛苦；坚持一两个月后，你的新生物钟就基本形成了。这时候，如果生活中有突发事件需要熬夜处理，也不碍事了。

改变生物钟是一件很困难的事，但只要坚持下来，你会体会到早睡早起的好处。养成早睡早起的习惯，可以算作一个训练意志力的方式。不过，如果你怎么努力都无法坚持早睡早起，那就尽量做到不熬夜且作息规律。比如，即便你是"熬夜党"，也要争取在晚上 12 点前入睡，早晨 8 点左右起床，周末也一样。

第四节

效率：做事效率低怎么办

提高做事效率，能带来巨大回报。许多人的做事效率很低，而通过对的方法，完全有可能让效率翻倍。

比如在很多时候，我写一篇课程文稿，能拖拖拉拉从上午写到下午，耗时五六个小时甚至更久。我心里很清楚，这个效率不是我的真实水平，因为我有用 3 小时写完一篇课程文稿的经历。我前几天参加一个入学面试，面试时间只有 15 分钟，需要提前准备的问题不超过 10 个，这对于我来说拿出半小时来准备足矣，但我一会儿思考问题，一会又"刷"朋友圈，一会儿又看短视频，结果断断续续用了 1.5 小时。

我自认是效率很高的人，但事实上有时候效率特别高，有时候效率特别低。所以我想说，效率再高的人，如果不注意管控，效率也很容易变得特别低。这是为什么呢？因为效率低符合生命特性，节能是一切生命的本能，生命特别厌恶耗能。所以再厉害的人，也需要时刻提醒、管控自己，以便始终保持高效。

如何做到呢？以下有六点建议。

列出当天要做的事，并划分时段

看完前文的内容，你可能开始习惯制作每日做事清单。对于许多人来说，每天给自己列三四个要事再加三四个小事是比较合适的。

但是每日做事清单只能帮助你管理好每天的时间，也就是实现以天为单位的高效，让你能够在一天内把列的事情尽可能做完。不过，做完不代表做好。因为许多人在每天的时间利用上都是前松后紧，前半天拖拖拉拉，后半天发现时间不够用了，于是加快节奏。

提高做事效率，不仅要求速度，还要求质量。为什么很多人不能很好地分配好一天的时间？因为他列了五件事，只是知道当天要完成，但不知道每件事分别要用多长时间完成。如果能够在列每日做事清单的基础上，清晰分配好做每件事的时间，那一天的做事效率将会大幅提高。只列每日做事清单，是以天为侧重点，即"我一天要完成这五件事"；列每日做事清单并分配好时间，是以事为侧重点，即"我大概要在几点到几点完成哪件事"。

开始做事时，确定准确的截止时间

第一步做好了，会在很大程度上提高效率，如果再配合这一步，效果最佳。

第一步是对一整天的时间进行大致划分，还不够准确。当我们开始一天的工作时，还要确定一个准确的截止时间。

比如我正在写课程文稿，从 12 点 48 分开始，如果我不严格要求自己，极可能会拖拖拉拉写到晚上 7 点，甚至更晚；但如果在开始写时我就给自己确定了准确的截止时间——下午 5 点前，可能我在下午 4 点多就能完成。

事情不变，能力不变，但我给大脑发出的指令改变了，结果就会改变。"今天写完"和"下午 5 点前必须写完"，是两个完全不同的指令，也会产生不同的行为冲动。我们很多人一天能做很多事情，但往往效率不高，其中一个原因就是开始做每件事情时，我们并没有明确要求自己要在几点完成。

做任何一件事都要有流程感和紧凑的推进意识

任何事都不是一件事，而是一连串小事，这就是流程。当我们想尽快进入状态，高质量快速做完某件事时，脑海里浮现出的应该是按流程排列的一连串小事，而不是一件事的整体。

比如我开始写课程文稿，我的脑海里不是只有一个笼统的课程，而是有一系列待办小事：马上列个框架—整理出小标题—在每个小标题下填几个关键词和思路要点—优化并最终确定小标题—写好开头—一个部分一个部分地完成—整体优化打磨一遍后定稿—立马订个会议室录音—发给同事。

当脑海中有了一连串小事，就容易操作了，因为做完一件事就知道下一步该做什么，犹如脑海中有一个任务表提醒自己往下推进。如果我们能够把这个方法跟第二步结合起来使用，就会形成一种跟时间赛跑的节奏感。如果你能明确要在几点完成某件事，又能明确这件事大概的完成流程，那你就能在执行的过程中不断对齐任务的推进进度条和时间的流逝进度条，最终实现效率"爆棚"。

尽可能屏蔽外界干扰，让自己做到当下专心

前文提过，专注分为当下专心和长期专一，提高做事效率就要做到当下专心。

当我开始写这部分内容时，我戴上耳机，播放音乐，把音量调高到我听不到周围的其他声音。然后我不再看微信消息，不再聊天说话，不再吃零食、喝饮料。我放下其他所有事情，把生命中的这3小时全部奉献给此刻的写作。这样我就能完全沉浸其中，效率也会达到最高。

一般情况下，外界干扰包括嘈杂的声音，尤其是周围人聊天的声音、打电话的声音等，所以想要专注于当下手头上的事时，建议选一个安静的环境，如果条件不允许就戴上耳机。手机是一个"杀手"，你准备专心做事时，别随便打开微信、微博或其他各种App，完成任务后该聊天时再好好聊天。如果有人过来想跟你闲聊，直接告诉对方，自己这会儿要赶紧做完一件事情，晚点再聊。戴个头戴

式耳机是不错的选择，它可以直接向外界释放信号：别过来打扰我。另外，别在手边放零食、饮料。

特别重要的是，要时刻牢记：做一件事时，心里挂念别的事，效率一定是极差的；做一件事时，心里只有一件事，效率一定是最高的。

合理安排更多事项，宁可让自己忙，也别让自己闲

这点挺违背常识的，但在很多人身上可能都适用。我执行每日做事清单并记录时间消耗持续半年多了，一直是用笔记本记录。在翻看过去的记录时，我发现了一个很有意思的现象：我在时间利用上经常容易出现两种极端，要么一天做了很多事，记录得很密；要么一天没做什么事，记录本上那一页很空。

这是为什么呢？经济学中有个特别重要的概念，就是"供需"：供大于求时，商品不值钱，大家都不稀罕；供小于求时，商品很值钱，大家很珍惜，不敢浪费。时间也是如此。

在一定程度上你以为这段时间需要做的事情不多，你有充裕的时间，这时候就会本能地降低效率。如果在一天中你有很多事情要做，而且有几件事是很重要且耗时较多的，那你从当天早上，甚至前一天晚上就可能会感受到压力和紧迫感。你很清楚，如果不提高效率，自己根本无法完成所有事情，所以从一大早开始，你就表现出极高的效率水平。

从本质上说，你需要效率高时更容易效率高，你不需要效率高时自然就效率低，这就是供需的巨大力量。所以我们要在每一天合理安排更多事项，如果你意识到自己今天的工作任务很轻松就能完成，就需要给自己增加一些任务，比如读某本书 2 小时，听 3 节课程并写 500 字笔记，规划一下接下来一个月重要但不紧急的事，或者去理发、买两套衣服等。无须只给自己安排工作和耗费精力的事，像理发、买衣服这种生活小事也完全可以安排。

适当奖惩，长期主义和即时反馈不冲突

大的奖励需要在实现一个阶段性目标时给予，这是奖励长期主义。但即时反馈也很重要，即时反馈可以对每天的高效完成任务进行奖励。即时反馈是每天给自己的奖励，所以无须大费周章，简单、随意即可，你也可以学着把每天的一些事情转化成奖励。

比如我在办公室有个鱼缸，我想在鱼缸里放很多装饰物。于是我在写这部分内容时发了条朋友圈：开始今天的写作任务，做事效率低怎么办？如果 5 点前能写完，就去买些仿真珊瑚和贝壳。

如果你比较喜欢喝奶茶，那么你可以把喝杯奶茶作为对高效率的奖励。如果能够在规定时间内完成既定任务，就奖励自己一杯奶茶。如果完不成，就不能喝。

如果你喜欢看电影，也可以将能否看电影变成一个奖惩手段。如果能在规定时间内完成某个重要任务，就奖励自己晚上看电影；

否则，明天再说。通过这种方式，我们每天都有目标，也有奖惩，进而不断提高自己小周期内的激情和增强战斗力，保持每一天的高效率。如果我们每天都坚持这么做，那么一年 365 天，我们就能多做、做好很多事，取得长足进步。

以上六点是提高做事效率的建议，每一点都需要我们在生活中刻意练习，只要能长期坚持其中 3 点就能大幅度提升自己的做事效率。不过，再好的方法时常也敌不过人性，一个效率很高的人也会间歇性地出现懒散、低效的情况，对于这点我们要理性看待，不用自责，等状态好些时再提醒自己高效做事即可。

第五节

情绪：因为情绪问题无法高效做事怎么办

很多人在时间管理上都有个问题——因为情绪问题无法高效做事。我们不能根治情绪问题，只能去拥抱它，跟它和谐共处，从而减少它对我们的干扰。

不控制情绪，就会被情绪控制

被情绪控制，是许多人浪费很多时间的一个重要原因。那么，情绪是如何控制我们的呢？

一方面是负面情绪对人的控制。比如，老板因为对你的工作不满意，在会议上点名批评了你，让你在公开场合很没面子。开完会你回到座位上，很难快速从负面情绪中走出来，可能要花半个小时甚至更长的时间来消化负面情绪。

再比如，你跟爱人大吵了一架后去上班，在上班路上你一直反复回想这件事情，甚至到了公司，同事跟你打招呼你都没有注意到。

你还在想为什么爱人不能多理解理解自己，自己都这么努力地付出了，为什么爱人总是看不到自己好的一面。你越想越气，被这个情绪控制了。

又比如，你想学习、提高自己，然后经营一个副业。但是经过一个星期的学习，你觉得自己还是什么都不会，需要学习的内容太多了，于是变得非常焦虑、迷茫。你越看重这件事，焦虑的情绪就越会耽误你做其他事情。如果你有主业，这种负面情绪甚至可能影响到你的主业，因为你总在想：到底要不要继续坚持下去，为什么别人做得那么好而自己做得这么差。

当你产生了这些负面情绪，你就难以专心工作。如果不能控制情绪，你就会被情绪控制，进而浪费很多时间。

另一方面是正面情绪对人的控制。当被老板批评后，你可能需要时间来消化负面情绪。反过来，假设今天被老板点名表扬了，你会怎么样？一定会产生强烈的兴奋感，内心溢出满满的满足感、优越感。

这些正面情绪会不会耽误你工作？也会。因为你一直处于兴奋的状态。

举个例子，如果你在学生时代有一个暗恋对象，有一天你跟对方表白了，对方答应了，你会是怎样的心情？哪怕是在上课，心里想着的也是下课后要马上去见她，此时的你还能安心听课吗？你肯定听不下去，脑海中可能都已经在想象两人的婚礼了，甚至已经在琢磨未来的孩子叫什么名字了。在这种兴奋状态下，你不太可能静下心来学习。

很多时候我们遇到好事，产生了强烈的正面情绪，也一样会影响我们对时间的利用和做事的效率。无论是正面情绪还是负面情绪，只要让你失去了平静，你就会被它们控制。

培养"静能力"，掌控情绪

如何应对情绪问题？培养"静能力"。

负面情绪过多，会打破内心的平静；正面情绪过多，也会打破内心的平静。只有在心静的状态下，不过于悲伤，也不过于兴奋，人才能高效地做该做的事情。想要培养"静能力"，要做到以下两点。

第一，事来则应，事去则静。

事来则应，指的是当一件事情还没到来的时候，不要提前进入情绪状态。比如计划周六要去提车，你从周二就开始兴奋，这就是提前进入了那件事情会带来的情绪状态。而当事情到来的时候，要快速进入状态。换句话说，既不提前进入，也不拖沓进入。

事去则静，指的是我们要有快速走出一件事的能力。一件事结束后，要快速让自己的身体和情绪抽离出来，然后进入下一件事。

比如今天提车了，这件事让我很兴奋，但是提完车回到家，该做项目就去做项目，该写文章就去写文章，该做 PPT 就去做 PPT。

既然让自己兴奋的提车这件事已经过去了，那么就抓紧时间把身心都从中抽离出来，回归当下，准备进入下一件事情。这就叫事去则静。

第二，每临大事要静气不乱。

所有大事发生的时候，要静气不乱，不管这件大事是让人悲伤，还是兴奋。我们要培养自己面对大事时的平常心。比如，明天高考，你要静气不乱，不能兴奋得晚上睡不着觉。静气不乱不是不在乎这件事，而是以平常心来对待。我们要学会战略上重视，心态上平静。

当你在路上开车，有人超车并剐蹭了你的车时，如果你是一个有"静能力"的人，就会非常理性、有逻辑地处理这件事，而不是一上来就要跟对方吵架。

再比如，如果你是一家公司的老板，员工突然跑到你的办公室说："不好了，老板，我们在网上被人投诉，还上热搜了。"这个时候你如果没有"静能力"，就会被情绪控制，被情绪左右，而不会把重点放在处理事情上。

解决情绪导致的低效问题

第一，觉察情绪，防止蔓延。

我们首先应该有一个意识：我们无法根治情绪问题，只能去拥抱它，与它和谐共处，减少它对自己的干扰。

每个人每天都会有情绪，有情绪不可怕，虽然情绪会耽误工作、浪费时间，这也不可怕，可怕的是我们没有觉察到自己被情绪控制了。或者很多人明明觉察到自己正在被某种情绪控制，但是放任不管，没有刻意制止。

每个人都可以反思一下，当你觉察到有某种情绪在控制自己、耽误自己做事、浪费自己的时间的时候，你的选择是不是放任不管。

假设你今天下午要完成一份项目计划书，按计划应该从 2 点开始做，但是早晨你跟爱人吵了一架，导致自己心神不宁，都快到 2 点了还在玩手机。你心里很清楚，自己应该写项目计划书了，也清楚地觉察到自己现在的烦躁情绪，但是你选择放任不管。

正确的解决方式是养成一个习惯。当你觉察到有情绪在控制自己、耽误自己做事的时候，要刻意地告诉自己：我正在被某种情绪控制，我不能这样继续下去。

你要反复提醒自己：你中计了。甚至有时候你可以自言自语，告诉自己正在被情绪控制，要摆脱它，不能中计，告诉自己还有更重要的事情要做，不能放任这种情绪继续控制自己。你要学会刻意地提醒自己，刻意去改变，防止情绪蔓延。

第二，刻意转场，转移注意力。

这个方法里最重要的词是"刻意"。如果不刻意做，你可能不会自动做。你不刻意转场，就只能继续停留在情绪中。刻意转场非常重要，这个场可以是物理场，可以是能量场，也可以是其他场。

比如，当你觉察到有某种情绪正控制着自己时，就去观看一部电影，这是刻意转场；浏览一篇公众号好文章，这是刻意转场；告诉自己应该下楼走一走，去跑步，去骑自行车，这也是刻意转场；告诉自己去收拾房间、整理书架、洗衣服，仍然是刻意转场。

为什么要刻意转场？因为转场了，你的注意力焦点就转移了。当你沉浸在某种悲伤或兴奋的情绪中，你的注意力就会放在那里。刻意转场之后，你会把自己的注意力从这个场景转移到另一个场景，这样做其实就是为了防止情绪蔓延。

第三，身心一体，用身体的行动带动心的转变。

所有的情绪，都是心的问题。不管是难过、迷茫，还是抗拒、焦虑、兴奋，或者是悲伤、痛苦，一切情绪都是心的问题。而身和心是一体的，有了这个认知之后，我们就可以用身体的行动带动心的转变。

假设你晚上要写一篇文章来复盘过去半年的成长，对于做这件事你很抗拒，觉得它很麻烦，比起写文章，你更想去玩手机。虽然这件事应该做，但是你非常抗拒。这时候其实就出现了情绪，这是心出了问题。

那么该怎么解决呢？答案是通过身体的行动来解决。通过最小化行动，从最简单的事情开始做。什么是最小化行动？做复杂的事，也得一步一步从简单的事开始做，一件复杂的事情可以拆分成很多小事，我们就先做一件小事，这就是最小化行动。

从复杂的事情里找出简单的事来做，其实就是让身体先行动起来。这样，身体的行动就会带动着心的转变。

那么，当你抗拒写一篇文章的时候，怎么让身体先行动起来？你可以先去找一些素材，或者先找几篇参考文章，这就是开启最小化行动。先不动笔，而是搜集素材或者找参考文章，其实就是身体已经开始行动了。只要开始行动，就会带动心发生转变。身心都动起来，你就会越来越不抗拒做这件事。

做任何事都是如此。当你觉察到自己在抗拒做一件事时，就要告诉自己，先做起来再说。我们也可以把这个方法叫作 10 分钟原则。当你很抗拒时，告诉自己：稍微行动一下，试试。你先让身体行动 10 分钟，通过身体的行动带动心的改变。只要心"动"起来，你就不会那么抗拒做这件事情了。

关于身心一体，还有一些更直接的例子。

比如看文章或读书时，你总是走神。这是心出了问题。解决方式是读出声来，通过"读"这一身体行动，把心带动着聚焦到阅读上。

比如你在写一个工作计划，但总是被一些情绪干扰，总是想东想西的。解决方式是拿出一张纸来，逼着自己在上面写下你要解决的问题，然后想到什么就写下来，写下来之后再继续拆解。

这就是在靠身体的行动带动心的改变，以免自己被其他事情干扰。

第四，不要直接解决情绪问题，要解决情绪背后的认知问题。

所有的情绪问题，归根结底多是理性不够、认知不足。有情绪的时候，直接解决情绪几乎没有用，因为情绪的产生不是无缘无故的，一定是你在某方面有认知上的问题。所以不要直接解决情绪，要解决情绪背后的认知问题。

比如上班堵车，早上开车或是打车去上班，路上堵得水泄不通，有的人就很恼火，抱怨为什么大家都这个时间开车出来。但他忘记了，此时此刻他也坐在车里，也是造成堵车的人之一。

为什么你可以在上班高峰期开车，而别人就不可以呢？当我们抱怨这些事的时候，还是没有足够的理性和认知。而且，堵车时的抱怨、烦恼、生气，对于缓解堵车这件事来说毫无用处。即使你快要气炸了，该堵还是会堵。

如果你的认知到位，能理性看待这件事，你就不会无端地生气来折磨自己。面对没有任何改变的余地的事情，接受是最好的选择。时光不能倒流，这时你要学着接受，然后把时间用来做该做的事情。

足够理性、认知到位的人，不会因为改变不了的事情恼火、愤怒、生气、埋怨自己。被老板批评后，只是沉浸在情绪中没有任何意义，你应该理性地分析老板为什么批评自己。你要换位思考一下，自己是不是真的没有把工作做到位，老板的批评是在提点自己还是在为难自己，自己应该怎么解决。只要理性地分析过，理解到位了，你可能就不会那么容易陷入负面情绪。只有理性分析，才有可能解决情绪问题。

如果你去参加一个行业大会，听到嘉宾的精彩发言感到收获满满，备受鼓舞，觉得自己如果也这么做一定也能年入百万元，想到这儿就无比兴奋并沉浸在其中。这就是认知不足的体现。如果能够理性分析，你会发现每个人的成功都没有那么简单，从尝试到成事，需要经历漫长的过程。

我们可以这么理解，所有打破内心平静，让自己过度焦虑、过度悲伤、过度兴奋、过度幸福的情绪，基本上都反映出个体的理性不够、认知不足。所以，不要直接解决情绪问题，要解决情绪背后的认知问题。认知问题解决了，情绪问题也就解决了。

第五，不要直接解决情绪问题，要解决让情绪产生的问题。

利用一些技巧和方法转移注意力或逃避只能暂时平息情绪，但情绪早晚还会回来。只有解决了让情绪产生的问题，情绪才会真正离开。

我创造了一个词，叫"无情求解"，就是指个体要戒掉情绪，只专注于解决问题。很多厉害的人都戒掉了情绪，因为他们永远都在无情求解。

蔡崇信是阿里巴巴的合伙人之一，采访的时候有人问他："过去这么多年最让你难过的事情是什么？"蔡崇信的回答令人震惊，他说："你是问难过的还是难处理的？好像没有什么难过的事情，倒是经历过一些难处理的事情。"

蔡崇信的回答很有智慧，他的处世哲学令人震惊。在他看来，没有会让自己难过、抱怨的事情，所有的事情已经发生了，那就要冷静地面对。所有事情在他眼里，没有难过的，只有难处理的。阿里巴巴能够这么成功，蔡崇信功不可没，他有如此冷静成熟的性格注定能够成事。

我们每个人都应该避免被情绪冲昏头脑，多把时间花在问题的解决上。只要你活着，只要你还在做事，只要你还在成长，就一定要面对不断出现的困难。

花在解决情绪上的时间和精力越多，花在处理问题上的时间就会越少。时间如此宝贵，为什么要用在解决情绪问题上，而不直接去解决让情绪产生的问题呢？正确的应对方式应该是：问题能解决就去解决，不能解决就接受。

所以，不要直接解决情绪问题，要解决让情绪产生的问题。从另一个角度理解这句话就是，如果我们能够变成一个专注于解决问题的人，那我们就没有时间被情绪控制，也没有机会出现很多情绪，因为我们在忙于解决问题。我们每天专注于解决一个一个的问题时，就不会有过多情绪。

我们的时间要么花在了处理情绪上，要么花在了处理事情上。你多处理一些情绪，就会被情绪控制，少处理一些事情；你多处理一些事情，就会少处理一些情绪。

如果业务进行得不顺利，那就去理顺业务、调整业务；如果感情出了问题，那就去解决问题；如果跟同事关系不好，那就去搞好关系，或者说服自己放下这段关系，或者换个工作，远离对方。总之，不要在情绪上浪费自己的时间。

你要解决让情绪产生的问题，问题不解决，由问题产生的情绪就永远不会平息。

第六节

娱乐：沉迷娱乐怎么办

娱乐有罪吗？无罪。娱乐本身是好的、对的，即便打游戏也是好的、对的。人都需要娱乐，整个社会也需要娱乐。有罪的是"沉迷"，再好的东西一旦沉迷就变质了。玩游戏、"刷"短视频等娱乐行为本身都没问题，偶尔放松一下对我们的身心都有好处，但沉迷是不对的，沉迷了就耽误做事。

沉迷娱乐主要有两种情况，一种是沉迷于健康、有意义的娱乐，另一种是沉迷于无聊、"杀时间"的娱乐。

沉迷于健康、有意义的娱乐

什么是健康、有意义的娱乐？比如，我爱看电影，但是我只看经典的、高分的、有教育意义和学习价值的电影。在这种情况下，看电影就是健康、有意义的娱乐。但如果我每天都要花几个小时去看电影，这也不好。每天本来就只有 24 小时，如果我在看电影这件事上花这么多时间，就意味着我在工作事业和核心竞争力上花的时间少了。即便是健康、有意义的娱乐，我们也要避免投入过多时间。

每个人或多或少都有一些爱好，比如我特别喜欢骑公路自行车和玩滑板。玩滑板可以锻炼身体、增加勇气、提高韧性，对身体和平衡能力的训练都有益处。但是如果我沉迷其中，每天都约朋友去玩滑板，工作日一下班就去玩，周末也整天在滑，就过犹不及了。即便它本身是一种健康、有意义的娱乐方式，沉迷其中也势必会影响我在工作事业等方面的时间投入，甚至很可能让我"丢饭碗"。

有人喜欢打篮球，有人喜欢骑自行车，有人喜欢钓鱼，有人喜欢爬山……这些都是健康、有意义的娱乐，但我们不应该放任自己沉迷其中，放任自己在这些事情上耗费过多时间。能成事的人应该有正确的时间分配意识，能在工作事业和核心竞争力上投入更多时间，不断追求更高的水平，达成更高的目标，而不是在娱乐上耗费过多时间。

那么，为什么我们经常会忍不住、不能自拔地沉迷在这些健康、有意义的娱乐上呢？因为我们会从中得到很多精神上的奖励，这些奖励会促使我们把娱乐变成一件打怪升级的事情。

比如有段时间我每天晚上都看电影，我发现豆瓣上也有很多看电影的人，他们标记的自己看过的电影竟然有两三千部，而我看过的电影还不到一千部，所以我就定了一个目标——用一年时间把自己的观影数量提高到一千部以上。这其实就是在跟别人比较，如同打怪升级。

骑公路自行车也是。我去骑了一趟山路，105 千米花费了 5 小时。但有很多高手 3 小时就能骑完这段山路。我备受打击，于是每周末都去练习，立志让自己 3 小时就能骑完全程。这本质上也是在打怪升级，这个过程中收获的奖励会吸引自己投入更多时间。一旦一件事做得不错，我们就会在这件事中得到成就感，从而持续去做。

我们做自己擅长的事时，会更容易收获羡慕、敬佩和夸奖，这些积极的反馈会促使我们投入更多时间去精进，去享受做这件事带来的成就感。当我们在娱乐上不计成本地投入大量时间时，娱乐就变成不健康的了。

如果你能兼顾娱乐和正事，在娱乐的同时不丢下正事，那就另当别论。但许多人常常会玩物丧志，哪怕这种"物"本身是好的、健康的，到最后也会沉浸在别人的掌声中不能自拔，忘了自己还有更重要的事情需要去做。

针对这个问题，我有以下三个解决办法。

第一，重新审视并确认这件事在自己人生中的定位。

当我在玩滑板上沉迷，在骑公路自行车、爬山或者钓鱼上沉迷，不断地在这些事情上投入更多时间，我就会重新问问自己，重新审视和确认一下：这件事在我人生中的定位到底是什么？我要反省一下，要不要在这件事上这样疯狂地投入时间。

重新定位后，我可能会意识到，这件事只是我工作之余的消遣，只是我丰富人生中的一个小乐趣。我不应该把它抬到更高的位置上，不应该投入那么多时间和精力，它本来应该是我繁忙工作的调味剂，如果我投入了更多时间，就本末倒置了。

第二，理性地分析自己在这件事上的追求。

所谓娱乐，就是我们在工作、学习之余进行放松的一种方式、工具。很多人在娱乐这件事情上"过度追求"了。如果拿自己跟职业选手比，按照职业选手的标准来给自己定目标、去投入，那就有失理性了。我们这时候要理性地分析自己在这件事上应不应该有这么高的追求。

不要过度追求，因为过度追求就会过度投入，势必就会耽误你在正事上的投入。

第三，时刻提醒自己以工作事业和培养核心竞争力为重。

我们的成就感、奖赏，更应该从工作事业和培养核心竞争力中得到，不应该从其他事情中得到，不要本末倒置。

沉迷于无聊、"杀时间"的娱乐

什么叫无聊、"杀时间"的娱乐？比如，追没有意义的剧、刷社交媒体、看无聊的直播、打游戏等。

我们平时经常会有一种感觉：不知道为什么，就想打开朋友圈"刷"一会儿；不知道为什么，就想打开短视频"刷"一会儿；打开社交媒体进入热搜榜就无法自拔了……这都是无聊、"杀时间"的娱乐。这是很多人在时间管理上的大问题，这种娱乐不仅浪费时间，而且基本上没有任何意义。

健康、有意义的娱乐除了具有娱乐本身的价值，往往还会带来很多其他好处。但是像打游戏这样无聊、"杀时间"的娱乐，如果你长时间沉迷其中，弊远远大于利，你消耗了很多时间，却基本上没有任何收获。所以我们要想办法减少这种娱乐。

在无聊、"杀时间"的娱乐上，我们要记住一个词——乘虚而入。所有无聊、"杀时间"的娱乐都会乘虚而入，占据你的时间。因为时间会自动被填满，如果你没有刻意安排更重要、更有意义、更有价值的事情来做，那这些时间必然会被无聊、"杀时间"的娱乐乘虚而入。

以下三个方法可以对抗这类娱乐的乘虚而入。

第一个方法：挤占。

一段时间只能被一件事占据。挤占就是刻意安排更有价值的事情占据你的时间，让那些无聊、"杀时间"的娱乐不能乘虚而入，没有立足之地。比如我经常会在晚上做两个小时的直播，这两个小时被一场直播占据了，就等于排除了我打游戏的可能。

从大的层面来说，在任何一个阶段，如果你有更有价值的事情要做，那整体上你就不会花很多时间在无聊、"杀时间"的娱乐上。所以，你需要让自己在每一个阶段都有更有意义和有价值的事情做。

从小的层面来说，你要制作好自己的每日做事清单，因为任何一段时间只要没有清晰的待办事项，就可能会被那些无聊、"杀时间"的娱乐乘虚而入。很多人没有在周末制作每日做事清单的习惯，所以他们周末的时间经常不知不觉就荒废了，被那些无聊、"杀时间"的娱乐乘虚而入了。

第二个方法：隔离。

一个人想正面对抗诱惑是很难的，远离诱惑相对来说要容易一些。如果你跟诱惑待在一起，想不被它吸引就要与它对抗，这是很难的。更容易的做法是不让诱惑接近你。也就是说，我们要学会隔离有诱惑力的娱乐。

一是对信息的隔离。我刚买摩托车时，对摩托车投入了太多的时间，加了好几个与摩托车相关的微信群。我平时总会忍不住看群里的消息，看大家在讨论什么：谁怎么改装了，去哪里压弯了，去哪里跑山了，有什么好的打卡活动，哪个品牌又出新车了，哪个品牌的车又打折了，等等。

但是我现在对这些群的关注度下降了，因为我决定隔离这件事。我对一些相关的公众号和视频账号取消了关注，并且把与摩托车相关的几个群消息设置成了免打扰且折叠起来。这样就在一定程度上把这些信息与自己隔离开了。

我们接收什么样的信息，注意力就会被相关信息占据。我隔离了这些信息，慢慢就会减少对它们的关注。为什么很多异地恋的情侣到最后会分手？因为两人离得远，接触不到，平时双方的注意力没有被对方占据，慢慢地感情就淡了。

二是对圈子的隔离。我以前在玩滑板上也投入了非常多的时间，我也有很多玩滑板的朋友，时不时就约着一起去哪里滑一下。后来我意识到自己投入的时间太多了，就渐渐淡出了聚会，慢慢脱离了这个圈子。

现在滑板圈有哪些新品牌、哪些新的滑手、哪些滑板店开业或者倒闭了，我都不再那么上心。这就是对圈子的隔离。我们让自己活跃在什么圈子里，我们就会变成什么样子，所以一定要学会对娱乐型圈子进行隔离。

三是对工具的隔离。如果你总是沉迷于玩游戏，那你是否愿意把游戏软件卸载了？卸载了还想安装也没关系，只要卸载一次，你就会少玩几天，即使过几天忍不住又安装了，那至少也实现了对游戏的短暂隔离。安装之后玩几天记得再卸载。这就是对工具的隔离。

抵抗诱惑不如远离诱惑。比如很多时候我明明吃得挺饱的，但就是想再吃点辣的、吃点油的。为了远离诱惑，我不在厨房、冰箱里放这类食物或零食。如果放了，我肯定忍不住吃；但如果不放，我就能抑制食欲。我在前文中提到，想要养成早睡早起的习惯，可以把手机放到客厅，别拿进卧室。这也是对工具的隔离。

第三个方法：替代。

我们打游戏、"刷"短视频、追剧，基本上都是为了放松。那难道放松只有这些方式吗？有没有更好的替代方式？

如果你爱看娱乐视频消遣，那建议你用看电影或看纪录片来代替。相比于很多打发时间的娱乐视频，这些视频更具有学习价值。

这里给大家推荐一部纪录片——《寻找薇薇安·迈尔》（*Finding Vivian Maier*）。女主人公是一个职业保姆，喜欢摄影。她去世之后，人们整理她的旧物时找到了很多箱摄影底片。冲洗出来一部分之后，人们发现这些摄影作品太棒了，于是到处去找与她有过接触的人，同时把她拍的所有照片都冲洗出来了。最后她被摄影界评为20世纪最伟大的摄影师之一。

这部纪录片只有不到84分钟，建议你在无所事事时找出来看看，相信看完后你会感受颇深。那些优秀的作品、伟大的灵魂会在这个过程中感染你、激励你、教育你。经常看这种纪录片，你会越看越觉得世界美好，越看越充满正能量，越看越能对人生保持积极的态度。

一定要学会用替代的方式来解决沉迷于无聊、"杀时间"娱乐的问题。除了看电影、看纪录片，你还可以读书、运动，这些事情都可以让你放松，不是只有打游戏、追剧才能让你放松。

也有一些人沉迷于打游戏或追剧，不是为了放松，而是为了逃避现实世界，因为他们在现实世界里找不到存在感和成就感，只能在虚拟世界里得到这些。这种情况也可以通过替代来解决，可以找一些健康的娱乐活动，努力从中得到存在感和成就感。

其实，我们更应该在工作事业和核心竞争力上寻找存在感和成就感。与其逃避现实不如直面工作和事业，提升自己的核心竞争力，这也是一种替代。你如果能够在工作事业的核心竞争力上得到存在感和成就感，那么虚拟世界中的虚幻的感觉你就不再需要了。

以上就是解决在无聊、"杀时间"的娱乐上沉迷这个问题的三个方法。

还有一种额外的方法，可以让我们将这三个方法运用得更好，那就是刻意寻找、主动拥抱更好的环境、更好的圈子、更好的朋友，让他们来感染我们、改变我们、影响我们。多刻意去这样做，可以让我们在挤占、隔离、替代这三个方法中做得更好。

要记住，时间总会被自动填满，你不主动用更重要、更有意义、更有价值的事情去填满时间，那些不重要、没有意义、没有价值的事情就会乘虚而入。所以我们一定要学会主动掌控自己的人生，不能被动地让那些乘虚而入的东西掌控我们的人生。

第七节

完美：过度追求完美怎么办

我们总以为完美就是好的，事实上并不是这样。完美这个词本身非常有迷惑性，过度追求完美不一定好，有时候反而会坏事。

为追求完美开局，拖延"开始"

许多人因为对一件事的开局有过高的期待，所以迟迟不开始。

有的人想运营短视频，注册了视频号账号、小红书账号或抖音账号，也买了很多设备。但有时候对拍摄的视频不满意，有时候对剪辑不满意，有时候对选题不满意，有时候对文案不满意，有时候觉得账号定位不够清楚，等等。就这样，1个月、2个月、3个月过去了，连一条视频都没有发出来，甚至可能半年过去了还没有开始。有些人可能在公司里有一些上台分享的机会，但总觉得自己的演讲水平还需要提高，所以每次都没抓住这样的机会。很多人都有类似的经历，因为追求完美开局，一直拖延"开始"。他们总认为如果不能一开始就做得特别好，那就不做。

　　这是过度追求完美产生的第一个问题。应该如何解决呢？我们应该明确告诉自己，现实世界的运转并不像自己想象的那样，我们以为准备得足够久就可以有完美开局、完美执行，但这是大错特错的，这是我们对现实世界认知不足导致的幻想。现实的世界是，如果你在一件事上只准备而不实践，那你永远无法得到一个完美的开局。

　　我在"通往高手之路"这门课程里讲过，让自己在一个领域从新手变成高手，需要在认知和实践两个层面共同提升。你一直在准备，迟迟不开始，其实都只停留在认知层面，但实践是另外一回事。

　　之所以要尽早开始，是因为要尽早做好。只有尽早开始，我们才能尽早进入现实世界，得到真实反馈，遇到真实问题，然后在实践中解决问题、持续迭代，最终把这件事做好。如果你一直没有进入现实世界，没有真正开始，那你对这个问题的认知就不是现实世界告诉你的，而是想象中的世界告诉你的。

　　注册了一个短视频账号，总觉得拍摄的短视频不够好，总是想等拍摄剪辑做得更好之后再发布，但这都只是你的想象。如果没有发布短视频，你就不知道短视频发布之后的真实情况是怎么样的，那你假想出来的任何问题可能都不是真实问题。

　　只有尽早进入现实世界，才能遇到真实问题，得到真实反馈。只有这样，我们才会知道接下来怎么提升和解决，进而在持续迭代的过程中做得更好。所以尽早开始，才是把一件事做得更好的方法。

为追求完美结果，拖延"完成"

这个问题跟上一个问题是对应的：一个是完美开局，一个是完美结果；一个是拖延"开始"，一个是拖延"完成"。

你在写一篇文章时，因为想要完成得更好，所以迟迟不愿意结束这篇文章的写作，一直在改。甚至在整个过程中，写完第一部分后迟迟没有开始写第二部分，一直在纠结第一部分能不能改得更好；或者写完第一个案例后迟迟没有写第二个案例，一直在纠结第一个案例能不能改得更好。

不只是写文章，有的人做 PPT、写项目计划书或写方案等，也是这样。因为追求完美结果，想把它做得更好，所以一直不做完，一直往后拖，总觉得还可以做得更好。事实上，按时完成才是第一位的。如果没有按时完成，那追求完美就没有意义。

以高考为例，如果高考时每个科目都多给你 1 小时的答题时间，那每个科目你或许都有机会多考 10 分，但是讨论这个没有意义。因为没有人会多给你 1 小时，5 分钟都不行，规定时间一到，监考老师就会开始收试卷。这时候你说："老师，我的作文还没有写完，再给我 20 分钟就能写完，写完作文我的语文就能考 120 分。"这是不可能的、不现实的。

永远记住：现实世界里，所有事情都是有期限的；如果不能在规定时间内完成，那你所谓的把事情做得完美，就没有意义。高考是比较典型的、有非常明确的截止时间的事情，或许其他很多事情没有如此明确的截止时间，但是同样符合有期限这一点。

比如你想根据某个热点写一篇文章，没有人规定你必须在几点几分写完发布，但它同样是有期限的。因为早发和晚发，在数据反馈上会有非常大的差别。能够抓紧时间写完，第一时间发布，即使文章写得不完美，阅读量也可能很高。如果纠结于如何改到完美，拖到明天甚至后天才发布，虽然内容质量更好，但阅读量可能不会太高。因为已经错过了热点的时效了。

很多事情，如果你没有在规定时间内完成，即使做得再好，也不一定能得到完美的结果。从这个角度来说，超出了规定时间，你把事情做得完美，也失去了意义，甚至会导致更差的结果。

再举个例子，如果你想出一本教大家运营小红书账号或做抖音直播的书，那大概率早一年出版会比晚一年出版销量更好。你如果3年之后再出一本讲抖音直播的书，即便把它写得再好也没有意义，很可能会滞销。因为抖音直播可能已经过时了。假设我在2017年有机会出版一本讲公众号运营的书，但是我认为自己还没有准备好，理论体系还不够完整，积累的案例也不够多，本身的实战成绩还不够有说服力，所以我决定先放一放，再准备准备。又准备了一两年之后，我确实在这些方面都有了明显提升，写出了一本质量更好的书，但是市场和读者可能已经不需要了。

一件事做得好与不好，是有期限要求的，或许在这个时间段内做完，它就是好的，超出这个时间段做完，它就是不好的。所有事情都涉及时间、空间、人，也就是天时、地利、人和。时间永远是我们做事过程中一个非常重要的影响因素。

这个问题应该怎么解决？主要有以下三个解决方法。

不能把追求完美当作借口来拖延完成。很多人喜欢用追求完美作为拖延的借口，仿佛追求完美永远是一个可以被理解的理由。

你原本周二应该交给老板一份计划书，但到了周三还没交。老板责问你，这时候你拿出追求完美这个理由，说自己不是懒，也不是不努力，是因为觉得这个项目特别重要，所以想把计划书写得更好一点。很多人在职场中可能都有类似的经历，将追求完美作为借口去解释自己的拖延行为。

人的行为都是由认知指引的。你之所以会这么做，是因为你觉得这确实是个可以被理解的理由，甚至确实觉得为了做得更好而拖延是值得提倡的。这是认知上的错误。真实情况是，如果不能按时完成，做得完美就没有意义。

学会把握完成和完美的度。为了完美而拖延完成是没有意义的，但是为了完成而不顾及完美也不值得提倡。如果事情做得不好，只是单纯地完成了，也没有任何意义。应该如何把握完成和完美的度呢？分以下两种情况。

第一种情况，如果你在做一件很重要的事，你觉得有可能无法按时完成，那这时候按时完成应该是你的第一追求，要在这个前提下尽力做好。

第二种情况，这件事没有那么耗时间，时间也是够用的，在这种情况下，你就要追求完美。比如今天是周二，老板让你周日晚上提交一个产品文案。这时，你有约五天的时间做事，如果效率高，可能只需要半天时间就能写好这个文案。也就是说，在这件事上你有充裕的时间，你不太可能完不成。这时候你就要在这件事上追求完美。

永远告诉自己，超过最佳时间的完美弊大于利。假设你想出版一本主题具有很强时效性的书，而今年是这个主题的最佳时间。过了今年，你追求的完美就是弊大于利的。

为追求处处完美，花更多时间得到一般结果

大部分人都有这个问题，这样既浪费时间，又没得到好处，甚至可能还有坏处。任何一件事都是一个系统，这个系统由很多要素、环节构成。在做一件事的过程中，我们不需要在每个环节上都追求完美，不需要在每个要素上都追求完美。这句话可以从两个方面来理解：一方面是不需要处处追求完美，另一方面是不要平均用力。

运营公众号就是一个大系统，这个系统包含很多事，比如选文章、编辑、排版、配图、回复评论、转发分享到微信群和朋友圈等。在这些事里，哪件事最重要？最重要的只有一件：选择每天发布

哪些文章。只有在这件事上你应该多花时间去追求完美，在其他事上都不应该为了追求完美而花过多时间，尤其不能因为在这些事上花过多时间而导致没有足够的时间选择文章。

任何事也都可以被看作一个系统，其中包含很多环节。比如写一篇文章，要不要在每个环节上都追求完美？要不要把时间平均分配给每个环节？当然不要。在决定一篇文章效果的所有因素里，选题可能是最重要的，我们应该在选题上花更多时间，其他因素相比而言次要一些。

我们花在一件事上的时间是有限的，并非每个环节都同等重要，一定要学会抓主要矛盾，在主要矛盾的解决上花更多时间追求完美，在次要矛盾上花更少时间做到及格就好。不在非重点环节、非重点要素、非重点事情上追求完美，是为了节省出更多时间在解决主要矛盾时追求完美。这样我们可能花了更少的时间，得到了更好的结果。

为事事追求完美而忙碌，到头来什么也做不完美

我们在任何一个阶段的总时间都是有限的。一年只有 365 天，一天只有 24 小时。在总时间有限的情况下，如果你在每件事上都追求完美，最终的结果必然是什么都做不完美。事事追求完美，相当于把有限的时间分给了更多事，每件事都得不到足够的时间，最后就会适得其反，没有一件事能做好，或者最主要的事情都做不好。

我的桌子、书架通常很乱，因为我觉得相比于为了保持整洁每天花时间收拾、每次都认真摆放，我不如把时间花在更重要的事情上。我穿衣服也很随便，因为我不想在穿搭上花很多的时间。

我的总时间是有限的，在这些方面花更多时间，必然就会在另一些更重要的事情上花更少的时间。

在生活中，我是一个很多技能都缺失的人，比如高超的 PPT 制作技能、娴熟的 Excel 使用技能、优秀的计算机操作技能。这些技能当然很重要，但对我来说并不是最重要的。我只掌握了基础技能，也没有刻意去提升。因为我很清楚自己的人生中什么事情最重要，如果我去提升一些能力，就意味着我应该花在更重要的事情上的时间会被占用，那么我就没办法在核心能力上继续突破，所以我会刻意忽略一些不必要能力的提升。如果你在生活、工作中每件事情都想做得完美，你可能就会成为一个平庸的人。所以反而不如接受自己在很多方面平庸一点，但是在重要的方面很优秀。

很多人会觉得我是老板或创业者才可以这样，但其实不然。以前上班时，我就很清楚自己需要有一项无人能替代的核心竞争力，这项核心竞争力直接关乎我的薪资。当我拥有这样一项核心竞争力时，老板就愿意为之买单，并且不会安排我去做其他琐事。因为对他来说，让我把时间花在我能发挥核心竞争力的事上才是最划算的。

无论是打工还是创业，这个社会是否愿意为你买单，取决于你是否拥有核心竞争力。所以我们不要在所有事情上都追求完美，只在几件重要的事情上追求完美就够了。

李安曾经说过，他在生活和与人打交道上是一个完全无能的人，他把所有的时间、精力和心力都放在拍电影上，这样他才能达到极致的高度。所以，一定要敢于在很多事情上接受自己及格就行了，留出更多时间发展自己的核心竞争力。

但凡一个人在某件事情上能做到顶尖水平，那他大概率在其他很多事情上都相对平庸。因为人的总时间有限，他既然把核心时间和精力放在那件事情上，在其他事情上的投入通常就是不足的，表现也不会太好。

关于"完美"，我再总结以下三点。

第一点：不能。从事情发展的规律上来说，想将任何事情都做到完美就需要大量时间，在有限的时间里注定不能做到事事完美，所以我们永远要告诉自己"不能"。

第二点：不需要。我们不需要在所有事情上都做得完美，只需要把几件核心的事情做好。

第三点：在很多事情上追求完美，性价比不高。

次次追求完美，反而进步慢、回报少

在任何一个阶段、任何一件事情上，我们应该追求的不是每一次的好，而是整体的好和最终的好，尤其是精进一项能力和技能。我们在一件事情上要想真正做好，除了每一次要追求质量，还要保证整体的练习总量和实战总量。比如作为新媒体编辑或新媒体作者，如果每次写文章时，你都追求完美，那你写一篇文章可能要花很长时间，这就导致你整体的发文数量很少。别人一个月能写 10 篇文章，你连 5 篇都写不完。你的练习总量、实战总量比别人少，大概率就会进步得比别人慢。

做事情要讲究一个闭环。所谓闭环，就是去研究、去做，做了之后把它推向市场，推向现实世界，得到真实反馈，然后优化提升。如果每一次都追求完美，你的速度就会很慢，数量就会很少，这是很大的问题。

为什么要追求练习总量和实战总量？因为我们要在这个过程中暴露问题、解决问题，从而全方位地积累经验。如果总量不够多，那么暴露的问题就会比较少，积累的经验也会比较少，进步速度就会比较慢。所以我们不需要每一次都追求完美，只需要在某些重要的时机追求完美，而其他非重要时机，我们在规定时间内做好就可以了。

以上为追求完美的五大问题，以及每个问题的解决建议。那么，我们到底要不要追求完美？追求完美是不是完全不重要？当然不是。我们应该追求完美，但是要追求有价值的完美。并不是所有的完美都是有价值的，有些完美是弊大于利的。我们不追求处处完美、事事完美、次次完美，我们追求的是系统最优的完美，因为并不是每个完美都有很高的价值。

第八章

重塑时间管理观：
在有限的人生，成最大的事

第一节

精力保证：这四份时间，永远不能吝啬

为什么要做时间管理？因为时间稀缺，每天只有 24 小时，而且不可再生。我们要在有限的时间里，完成更多重要的事。我们讲了很多关于收缩、节省、放弃、转移的时间管理方法。但有几件事，我们永远不能吝啬时间。

睡眠时间

人的一生中大概有 1/3 的时间用于睡觉。如果你一生有 90 年，大概有 30 年是用来睡觉的。这本身就告诫我们，睡眠极其重要。

但很多人在挑战这个铁律，频繁地熬夜，然后因为要上班又得强制性地早起，睡眠严重不足。很多人在睡眠上，观念是错误的，包括我以前也是。有人说：我睡得少是因为工作需要。这点不成立。大部分工作的截止时间并非是凌晨两点。就算凌晨两点，你把工作做完，别人也是第二天早晨才能跟你配合对接。所以，花费时间总

量不变的情况下，不要熬夜完成，可以早起完成。早上 8 点完成，和凌晨 2 点完成，多数时候是没区别的。

有人说：我睡得少是因为我要挤出时间做更多事。这个是错觉。你本来应该睡 8 小时，挤出 2 小时做其他事，觉得自己比别人多做了 2 小时，但其实你没有计算你在白天的补偿，很多人白天犯困很严重。有的人甚至早晨 9 点上班，10 点多就趴在桌子上打瞌睡了，午饭后午休也比别人时间长，下午四五点还要犯困。不仅如此，精神状态也是有些萎靡的，工作效率大打折扣，虽然一天都坐在办公室里，实际上有可能并没有完成多少工作。

我有个同事之前总是加班到很晚，一天在办公室耗十几个小时，看起来很拼很投入，但其实产出不多，原因并不是不够聪明、不够努力，而是不够高效。他天天睡眠不足，时间一长，精神状态就不好，效率就会直线下降。大家可能都有过这样的感受，下午 3 点，打开电脑想工作，但是没精神，脑子嗡嗡的，甚至行为和大脑发出的指令都不匹配，恍惚、发呆、游离……等缓过神来都五点多了，发现刚才的两个小时什么都没干。

怎么检验你是否休息好了呢？早上醒来时，是迷糊的、痛苦的，还是清醒的、对新的一天充满期待的。一般睡眠充足的人，每天起床都是后一种状态。这样的人，走进办公室的时候，感觉浑身有力气，脑子清醒，转得很快，打开电脑就能工作，很快进入状态。

我们到底需要多少睡眠时间呢？答案是每个人不一样。有的人每天睡五六个小时就可以，有的人要睡七八个小时，有的人甚至要九个小时才够。要完全根据自己的实际情况来定，不用跟任何人比。充足睡眠的目的是让白天一整天充满能量地高效运转。如果没有充足的睡眠，再多的时间管理方法和技巧都是空谈。

吃饭时间

维持身体一天充满能量地高效运转，除了睡眠，第二重要的就是吃饭。不过，吃饭跟睡眠不同，睡眠要保证一定的时长，吃饭倒不建议花费太多时间。有很多人吃中午饭要花一个多小时，晚饭花一个多小时，这样已经是浪费了。吃饭最重要的有两点。

第一，相对准时。早餐 7 点到 9 点，午餐 12 点到 14 点，晚餐 17 点到 19 点。相对准时，一是为了有节律地给身体提供能量，保证供需平衡；二是不要打破规律，形成恶性循环。

第二，不要不吃。很多人一忙起来，干脆把吃饭时间挤掉了。很多人因为起得晚，经常不吃早饭。因为工作繁重，经常把午饭或晚饭挤掉。这个跟挤掉睡眠一样，依然是没有权衡好利弊。早饭，20 分钟就可以完成。午饭、晚饭，如果不是饭局，正常的工作餐半个小时完成是没问题的。

对这 20 分钟、30 分钟的吝啬，都会在后面饥肠辘辘的低效中加倍偿还。有时候你可以明显意识到饥饿引发的低效，有时候意识不到，但它依然在起作用，因为生命体需要及时补充能量，才能维持高效运转。

学习时间

毕业，是学业的停止，但不是学习的停止。很多人毕业参加工作后，就不再学习了。当学习变成一件"不紧急之事"，同时每天都有很多"紧急之事"时，学习便很难提上日程。

日复一日的工作中，不学习注定会被淘汰。我们每天一定要留出时间来学习，这一生很长，如果每天、每周、每月都忙到没时间学习成长，那每一天都是在消耗存量。可存量有限，终究要被消耗完的。想持续成长，必须有持续的增量学习。

对我个人来说，学习并不是每天中的一件小事、辅助之事，它是一个大事、核心之事。毕业八年来，无论以前上班还是现在创业，我从不吝啬对学习时间的投入，这也是我成长很快的主要原因。

亲情时间

所有重要不紧急的事情里，很多人都把亲情当成最不紧急的事。即使嘴上是不承认的，但行动上都是如此。这里，我把亲情时间分成三类。

第一，跟父母的相处时间。这是当代年轻人最容易忽略的时间，它可以轻易地被各种事情挤掉：这周工作忙，不回家了；这周朋友聚会，不回家了；下周有个会要参加，不回家了；下周有个课程要参加，不回家了；五一要去旅游，不回家了；春节要加班，在家待两天就行……

我们总觉得以后还会有时间，但以后也是如此。如果爸妈 50 岁，你一年回家 3 次，每年相处 10 天，可能余生大概就 300 天在一起。很多人一年还回不了三次家，加起来也没有 10 天时间，那可能与爸妈在一起的时间就更少了。很多人总在父母去世后才后悔没有多孝敬一下他们。所以，有事没事，记得多回家看看。

第二，跟爱人的相处时间。永远不要以为你们住在同个屋檐下，睡在同一张床上，就算好好相处了。很多时候，两人待在一起一天，也没有给彼此 1 小时的时间，而是各忙各的工作，各玩各的游戏，各追各的剧，甚至吃饭时也都是各看各的手机。

最好的爱情，是彼此了解，共同成长。要经常拿出时间来好好地沟通，聊聊彼此最近的工作、学习、成长，互相鼓励，这不是浪费时间。良好的感情生活，是对事业莫大的帮助。

第三，跟孩子的相处时间。你可以不在孩子的吃喝拉撒上花太多时间，这些可以有爸妈帮忙、保姆替代，但陪同孩子的成长时间，绝对不能吝啬。在孩子成长的关键时期，陪他做游戏，给他讲故事，带他出去旅行，等等。错过了孩子的成长，一生都无法弥补。

我选出这几个重要的时间的逻辑就是回归生命的本质。从最根本上，我们要先保证生命动能，要对睡觉和吃饭这两件高频的事给予足够的重视。进化是生命的根本规律，所以我们必须不断学习成长，以保证拥有持续的成长动力。人终究是情感动物，情感上的成功经营，对我们一生的幸福起到关键作用，情感上失败，即使事业再成功都无法弥补。

第二节

选择很重要：这三件事情，是一生中最浪费时间的

我们这一生会处理无数件事情，时间在这些事情上的分配从来不是平均的。时间管理上应遵循"战略大于战术"的原则。如果我们在时间经营上掌握了各种最强战术，但是在事关成败的战略上很随意，那我们再努力也无法改变局面。感情、工作、目标，这三件事是人生的重头戏，这三件事的战略失误，也就成了一生中最大的时间浪费。

投入一段不合适的感情

你的另一半，就是你的人生合伙人，你们共同经营"人生"这家公司，你们共度一生中的大部分时间，你们用一生的时间塑造彼此的命运。

选择时极度认真，是对彼此的负责。很多人在买衣服时挑得很认真，但在选择伴侣上却很随意。结果就是，一次选择，终身买单。

做选择时，不能只看"硬件"：房子、车子、户口、长相、身高、胖瘦等，更要看"软件"：性格匹配度、三观契合度、彼此欣赏度、志趣相投度、认知同频度等。

永远不要凑合，尤其是在"软件"层面。房子、车子没有可以一起赚来，胖瘦可以改变，颜值可以提高。但是，性格很难改变，三观很难习惯，志趣很难迎合。很多人的恋爱和婚姻，是在相互抱怨、争执、冷漠中度过的。

我以前接受采访时表达过，我所有的成就里，都至少有一半的功劳是我爱人的。我大学毕业 24 岁，同年跟我爱人在一起，到 30 岁之间的这六七年，包含了我事业的开局和黄金时间的一半。在这段时期里，我的另一半一直都是我的最佳支持者，从来没有做过阻碍者。

感情里或许没有对错，但有合适与否，投入一段不合适的感情，是一生中最浪费时间的事。认真选择一份感情，你会终身受益。感情在很大程度上影响着幸福感，合适的感情是事业最牢固的基石。

坚持一份不合适的工作

从整个人生上看，大部分人大概工作 40 年时间，如果一生有 80 年的话，50% 的人生都需要工作。

从一整年来看，一年 365 天，52 周，除了节假日，每周的周一到周五，我们都需要工作，有时周末还要加班。一年真正的假期很少，大多数日子里，我们都需要工作。

从一整天来看，一天 24 小时，分为 3 个 8 小时，一个 8 小时睡觉，一个 8 小时全部贡献给工作，剩下的 8 小时还得拿出一部分为工作的 8 小时服务，比如通勤、加班、学习工作技能等。

每个人的大部分时间都用在工作上。不是工作需要我们，而是我们需要工作。工作带来报酬，满足我们的基本生存需求；工作带来社会成就感，满足我们的精神需求；工作带来自我价值感，满足我们的内心需求。

如果你选择了一份不合适的工作，你的每一天都是浪费。值得反思的是很多人在选择行业、公司、岗位上，都是很随意的，这是对自己人生的不负责任。更值得反思的是，我们拥有重新选择的权利，但很多人不去使用。选择了一份不合适的工作，却不及时离开，是没有意义的坚持。

在错误目标上持续投入

目标，决定你的终点，决定你的任务，决定你的动作，决定你的时间分配。如果你定了一个错误的目标，就会导致你的方向错误，你的任务和动作就会没有意义，时间会被大量浪费。可怕的是，我们一生中要完成无数个目标，我们每天都是由目标驱动的。所以每个人都要学会制定合适的目标，并在实践的过程中不断地调整目标。

我曾经有过很多错误的目标。比如，上大学的时候，我喜欢滑板，交了很多同样喜欢滑板的朋友，了解了国内外滑板文化。我确认我很喜欢，立志做一名职业滑手。我开始疯狂地训练，每天投入的时间甚至达到七八个小时。看视频教程学习，去找场地练习，滑烂了十几套滑板、几十双滑板鞋。最终，我发现这是个错误的目标。第一，我不擅长，只是我不愿意承认。第二，缺少未来，一般情况下，做滑手，出路很少，甚至无法靠此赚钱养家。后来，滑板变成我一个简单的爱好、工作的调味品，想玩的时候玩一下。

我在大学的时候读了很多书，但目标不正确，当时经常制定一些类似"这周要读完两本书，今年要读完一百本书"的目标。于是，在读书的过程中，经常是抱着"快速读完，以完成当天的目标"这样的心态，并不加以思考、学习，浪费了很多时间。

追求完美，在很多时候是一个错误目标。因为有时候完美是一个陷阱。比如，有人喜欢健身，身材变好后得到了朋友的赞美。慢慢地，他就会追求更多。如果打分的话，他现在的身材可能已经有85分了，但他一定要做到90分、92分、95分，甚至100分。于是花费大量的时间和金钱，要让某一块肌肉更结实一点，把某一个位置塑形得更好一点。但其实那一点，没有那么重要，你不是健身运动员，你不是明星，不靠身材吃饭，也不靠这个赢得荣誉和赚钱。在变瘦上也是如此，为了再完美一点，花费大量的时间并不值得。

该完美的时候要追求完美，不需要完美时及时调整自己的心态，大事小事都是如此。我们每年、每月、每天，都在被一些目标驱动和引领，我们的时间分配由目标决定。如果一个人不能持续制定合理有效的目标，甚至经常定一些错误的目标，那么就会浪费很多时间。

第三节

重塑时间观：未来常迎，当时可杂，过往不忘

时间观是人们对时间概念的科学认识或哲学认识，它跟世界观、人生观、价值观一样重要。你拥有怎样的时间观，就拥有怎样的人生，人生就是一段时间。跟企业管理、人事管理、项目管理一样，时间管理也应该是一门管理学科。前面我们讲了很多具体的时间管理方法，所以最后我们回归本质，讲一下时间管理的底层逻辑，这些是你无论使用什么时间管理方法都要遵循的根本原则，包含六个方面。

时间管理的目的是过更好的一生

任何时候，不要忘记自己为何出发。我们是什么时候发觉要好好学习并进行时间管理的？

当我们觉得每天时间不够用时；

当我们觉得每天事情做不完时；

当我们觉得每天过得浑浑噩噩时；

当我们觉得再这样浪费时间不行了时；

当我们感到焦虑、人生迷茫时；

当我们发现很多事一直想做但没时间做时；

当我们发现我们忙到没有时间好好吃饭时；

当我们发现我们忙于工作却忽略了爱情、亲情时。

总结一下就是：当我们对人生状态不满意时，我们试图改变现状，让人生拥有更大的可能。因此在践行时间管理的一些具体方法时，每一次行动，我们都要问自己：我这样做符合根本宗旨吗？

有人进行了时间管理后，时间更不够用了，因为他计划了更多的事，把每一天塞得满满的，但其实学会创造留白时间，反而会收获更多。有人做时间管理时，更多的是安排工作和事业，留给陪伴家人的时间更少了，可能事业更成功了，但幸福感却降低了。践行时间管理，并非填充的事情越多越好，而是每天有序可控地完成适量的事，张弛有度。在时间分配上，要全局把控，而非只把工作事业做好，还要尝试经营好爱情、亲情、友情，关心自己的爱好，获得精神上的满足等。

时间管理发挥作用，需要系统配合

时间管理是一个强大的工具，但它不是万能的。它需要跟你的"人生系统"配合。人是一个复杂系统，没有两个人可以拥有同样的系统。

比如我每天都写作，一周的写作时间经常超过 2 000 分钟。不要一味地模仿我，因为我们的职业不同，人生目标不同。我用在社交上的时间不多，因为我的幸福感和人生乐趣，往往不来源于此。

再比如全球知名的企业家埃隆·马斯克，在相当长的一段时期里，他可以高效地在不同公司处理不同事务，周一在洛杉矶处理 SpaceX（太空探索技术公司）的工作，周二到周四，他去旧金山的 Tesla（特斯拉）上班，周五又回到 SpaceX，周六处理 OpenAI（人工智能研究公司）的相关工作。他的时间管理精细到以 5 分钟为一个单位，甚至试图 5 分钟内吃完午饭。他偏好邮件沟通，而非电话和面谈，因为邮件不需要即刻回复，也不会随时打断自己。

是不是很佩服埃隆·马斯克，但我们需要学习他的做法吗？不需要，因为我们大部分人的日程里，根本没有那么多事情需要我们以 5 分钟为单位做时间管理。我们没有像他一样，同时管理几家公司，不需要如此高超的时间管理技巧。

相反，我们很多人的问题是不清楚自己的目标，不知道自己想要什么，所以忙的时候超级忙，事情不多时，我们可能因为没有提前规划和填充事情，就把时间白白浪费了。

时间管理也跟认知水平有关，如果没有好的认知，根本不知道自己接下来要做什么、怎么做。时间管理也跟事业目标和人生目标相关，目标不同，时间分配必然不同。时间管理这个工具，要跟自己的职业、目标、现状、认知、欲望、能力、执行等配合好，才能最大化地发挥它的作用。

时间管理一定是有用的。在其他条件不变的情况下，通过持续践行要事提前占位、执行每日清单、提高做事效率、减少时间浪费等方法，可以把时间产出提高两三倍，相当于一年抵两三年。如果你想有更大的成就，其他方面都要让自己持续提高，这个过程也离不开时间管理的协助。这是一个鸡持续生蛋，蛋持续生鸡的"无限游戏"。

经营美好人生，需要长远的时间观

这里我们强调的是经营好"人生"，而不是经营好"一天"。我们要时刻注意这两者的区别，能经营好一天的人，未必能经营好人生。一天太短，一生很长，一个行为在当下可能是好的，但把时间周期拉长后则未必。

比如我刚毕业时没有积蓄，在两份工作里选择了月薪多 2 000 元的那份，而不是更有前途的那份。在当时，这可能是个好选择，我可以吃得更好一点，住得更好一点，但以 3 年为周期看，这或许不是最优选择。

人生很长，是一场马拉松，需要长远的时间观。我们在做选择、决策、规划时，不能只关注眼前的利益，不能只满足于当下，要考虑长远发展。每天不读书学习，一天两天三天，不会有什么损失，可能反而让你把工作做得更好。但从长远来看，你的进步速度可能比不上那个每天拿出 2 小时学习精进的同事。坚持健身，会花费你的时间、金钱，但从长远来看，它让你拥有更好的身材、更健康的身体、更充沛的精力。多花时间在爱人身上，可能会占据你一部分工作事业或自由娱乐时间，但长远来看，家庭美满是事业有成的强大支持。

美好的人生，需要建立长远的时间观。

规划要长周期，使用要小颗粒

时间策略上，不争一天赢，但求全局优。时间利用上，只争朝夕，不负韶华。任何大的成功，都是一连串小事件的达成，需要较长的时间积累。比如要考一所好大学、实现升职加薪、成为某个领域的专家、减肥成功、读 100 本经典书、开始创业……这些都需要做长周期的规划，需要合理设定目标的能力、拆解目标的能力、评估任务难度的能力、清晰的自我认知……但时间利用上，我们要小颗粒，只争朝夕。

清末思想家魏源曾说过："志士惜年，贤人惜日，圣人惜时。"志士以年为单位要求自己，贤人以天为单位要求自己，圣人则珍惜每时每刻。有些人的时间颗粒度是天，有些人的是小时，有些人的是分钟。时间不停地流逝，我们要珍惜时间，不浪费时间，想办法节省时间，提高时间利用率。所以在时间管理上，我们既要有长周期的格局，也要有小颗粒的自律。

时间永远不够用，事情永远做不完

曾经我们以为科技可以减少每天的工作时间，提高速度和效率，为我们省下大量的时间，但为什么我们反而越来越忙了？不要问是否可以不那么忙，要问哪些事情可以不做。不是事情需要我们去做，而是我们需要做事来实现生命的价值。节省时间的目的，并不是把省下的时间浪费掉，而是做更多有价值的事。

关于时间，人们经常说两点：

第一，等我以后有时间了，我一定去做……

第二，等我忙完这段时间，就可以……

关于第一点，现实真相是你现在没时间做，以后也没有时间做，因为时间永远不够用。你说这两年没时间管孩子，所以先不生，其实你再过两年可能还是没时间。但如果你生了，大概率有时间管，时间自然被它挤占。所以，真正做好时间管理的人，会在脑子里剔除一句话："我现在没时间做，以后有时间了去做。"你要转换成这样一句："这件事我只是没规划现在做，我规划在清单里的某一天了。"时间管理并不能真正解决"时间不够用"这个问题，它解决的是"时间用在哪儿"的问题，核心解决的是如何把重要不紧急的事持续占位并执行，从而成更大的事。

关于第二点，现实真相是你永远"忙不完这段时间"。这段时间是永恒的当下，事情纷至沓来一刻不停，你忙完这一堆事，马上开始忙下一堆事，这一生有做不完的事。时间管理，并不能真正解决"做完事情"这个问题。我们追求的是，制订合理适量的计划，有序可控地执行。

重新理解未来、现在和过去

未来、现在、过去，是每个人常用的一种时间分法。大家习惯如下思考：

未来我要成为一个什么样的人，未来我想达成怎样的人生目标；

现在我是一种什么状态，现在我在做什么；

过去我是一个什么样的人，我做到了什么，没做到什么。

好像时间可以明确地划分为这三个部分。但是，何为未来？是明年么？是明天么？如果未来指的是下一秒，那你还未说出口，它已成为现在。从时间的流逝来看，未来一刻不停地变成现在，现在一刻不停地变成过去。

从人生经营的角度来看，未来早已来，过去从未过。

曾国藩在《曾胡治兵语录》里说："未来不迎，当时不杂，既过不恋。"未来将要发生的事情，不用过分地迎合；当下正在做的事情不能让它杂乱，需要做什么事情就必须专心做；当这件事情过去了，就别再留恋它。

从时间管理的角度，我提出一个相反的建议：未来常迎，当时可杂，过往不忘。未来将要发生的事情，要经常思考一下，不断规划未来重要不紧急的事，然后拆解至知道现在应该着手做什么，才能拥有更好的未来。

当下正在做的事情，可以接受一定程度的杂乱，因为没有完美的规划和执行。变化是永恒的，要在变化中不断调整规划，做当下的事情时要不断畅想未来，因为当下做的每一件事，都是在创造未来。

当一件事过去了，不要忘记它，它已经或者正在塑造现在的你。过去不会真正的过去，历史学才是真正的未来学，我们要从过去的经历中不断复盘、反思、总结，最终精进自己，重建自己，创造更好的现在和未来。

时间不可逆，过去不可更改。过去的一切塑造了今天的我们，但自我可以重建。我们要知道未来想要成为怎样的人，然后从今天开始重塑自己。我们要知道未来想抵达何方，从这一刻就出发，不要等，当下即未来。